JN439297

사무치는 그리움

016

김종립 수필집

사무치는 그리움

도서출판 경남

책을 내면서

대학 재학시절 〈제국시대〉라는 제목의 나의 수필이 학보에 실린 후 수필과의 인연이 맺어졌다. 그 후 수필에 대한 관심은 평생 동안 계속되었지만, 작품 활동은 하지 않고 오랜 세월을 살아왔다.

학교생활에서 정년퇴직한 후 평생교육원에서 수필공부를 하면서 《에세이스트》에 수필 〈추봉도〉로 등단을 했다. 부족한 글이지만 그동안 에세이스트문학회, 붓꽃문학회, 마산교구 가톨릭문인협회에 발표했던 작품들을 그냥 내버리고 떠나가기는 아쉬운 생각이 들어서 책을 내어 가족들과 나를 아는 친지들에게 전해주고 싶었다.

나이 들어가니 쌓이는 것이 과거에 대한 추억이고 그리움이다. 그래서 책 제목이 《사무치는 그리움》이다. 고향에 대한 생각뿐만 아니라 살아온 모든 것이 그립고 아름다운 추억으로 다가온다.

1부와 2부는 일상의 내 생활 주변에 대한 이야기로 채워졌고, 3부와 4부는 어릴 때부터 믿어왔던 가톨릭신자로서의 삶에 대한 글이다. 책을 내는데 가족들도 한몫 거들어서 가족의 글 5편을 실었다.

수필공부를 할 때 항상 자상하게 지도해주신 하길남 교수님께 감사의 말씀을 드리고, 글을 쓸 때마다 아내는 독자로서 내 글에 대한 조언을 아끼지 않아서 고맙게 생각한다. 또 글을 쓰게 한 원동력이 되어 준 가족들과, 표지와 책 안에 좋은 작품을 내어준 사위 김일태 교수에게 고마움을 전한다.

2014. 10

| 차례 |

| 제1부 |

사무치는 그리움

| 제 2 부 |

손자의 소망

| 제3부 |

새남터

| 제4부 |

소록도 방문기

| 제5부 |

가족 글마당

| 제 1 부 |

사무치는 그리움

체리블라썸 1, 2012, 디지털페인팅, 75cm×90cm

사무치는 그리움

생각하면 나에게 있어서의 행복했던 시절은 어릴 적 고향에서의 삶인 것 같다. 지금도 어머님 품속같이 포근했던 그 시절 추억들을 한 번씩 떠올려 본다. 나는 고향에서 일곱 살까지 살았고 그 이후에는 공부 때문에 부산에서 지냈다. 방학 때에만 고향에 와서 그동안 그리웠던 어머님과 친지 친구들과 잠시 동안 만남의 시간을 보내곤 하였다. 그래서 나는 항상 고향에 대한 그리움에 목말라 있었던 것 같다.

내 고향은 사방이 산으로 둘러싸였고 앞쪽에는 읍으로 통하는 도로가 있었는데 그 당시 우리는 그 길을 신작로新作路라 불렀다. 일본이 우리나라를 강점하고 도로를 닦으면서 붙여진 이름이다. 신작로를 통하여 한 번씩 차가 다녔다. 6 · 25전쟁 중에는 고향에서 피란 생활을 했는데 인천상륙 작전이 시작되었을 무렵 국군이 탄 트럭이 태극기를 휘날리며 달렸고 우리도 환호하며 그들을 환영했던 기억이 떠오른다.

고향의 앞산에는 봄이 되면 유난히도 진달래꽃이 많이 피었다. 온 산 전체가 붉은 진달래 꽃밭이었다. 진달래꽃이 질 무렵에는 우리들이 '개꽃' 이라고 불렀던 철쭉꽃도 곱게 피었다. 철쭉꽃이 필 무렵에는 연두색의 어린 나뭇잎들도 하나 둘씩 돋아났다. 철쭉꽃과 연두색 나뭇잎의 아름다운 색상의 조화는 온 산을 한 폭의 그림으로 변하게 하였다. 진달래 꽃밭에서 꽃잎을 따 먹으며 친구들과 이리저리 뛰논다고 바짓가랑이가 다 젖었던 기억이 떠오른다.

비 오는 날에는 따뜻한 사랑채의 아랫목에서 어머니가 볶아 주시던 고소한 콩 섞인 밀을 먹던 기억이 생생하다. 앞산에는 비가 길게 드리워져 내렸고 할아버지께서 들려주시던 옛날이야기에 정신이 팔렸던 기억이 선하다. 그 행복했던 세월들이 육십 년이나 흘렀다. 지금도 할아버지 산소에 성묘하러 한 번씩 고향을 찾는다. 다 떠나가고 몇 집만이 살고 있는데 그때의 그 정다웠던 얼굴들은 찾아보기 힘들다. 아름답던 진달래 철쭉 꽃밭은 무성하게 자란 키 큰 나무들 속에 묻혀 버렸다. 비옥했던 산골의 문전옥답은 잡초에 묻혀버렸다. 모두가 변하고 모두가 떠나갔다. 행복했던 고향 산천의 그리운 추억만이 가슴에 사무친다.

시내버스에서

퇴직하면서 출퇴근용으로 사용하던 차를 아내에게 인계하고 시내에 나갈 때는 늘 버스를 탄다. 버스를 이용하니까 운전하면서 신경 쓰이던 부담도 없고 마음이 편안하다.

옛날에 비하여 버스 사정도 좋아지고 편리해졌다. 우선 냉난방 시설이 잘되어서 더운 여름이나 추운 겨울에도 더위나 추위를 모르고 시원하고 따뜻하게 다닐 수가 있다. 그 뿐만 아니라 천연가스를 연료로 하는 버스가 많아져서 시커멓게 매연을 내고 소리도 요란하던 버스의 기억은 옛날 일이 되어버렸다. 또한 교통카드 사용이 대중화되면서 요금지불이 편리하고 할인과 환승 혜택도 받을 수 있으니 경제적으로도 이득이 되는 셈이다.

이러한 좋아진 여건보다도 내가 시내버스에 대하여 마음이 가는 것은 버스 안의 인간미 넘치는 분위기 때문이다.

요즈음 젊은이들이 버릇이 없고 어른을 공경하는 마음이 점점 없어져 간다고 하지만, 그래도 버스를 타보면 적잖은 착한 젊은이들이 항상 나이 많은 사람들에게 자리를 양보한다. 나는 자리를 양보 받으면 미안하고 서서 가는 젊은이 때문에 마음이 편치 않다. 그래서 나는 자리가 없을 때는 아예 다른 사람에게 부담이 안 되게 한쪽 외진 곳을 찾아서 서 있곤 한다. 한번은 경로석이라고 표시된 좌석에 젊은이가 앉아 있었는데, 나이 든 사람이 나무라면서 젊은이를 일으켜 세우고 자기가 앉아가는 것을 보았다. 미안해하는 그 젊은이 표정을 볼 때 의도적으로 그 좌석에 앉아 있었다고는 생각하지 않았다.

시내버스에 대한 여건이 좋아졌다고 하지만 개선할 점도 많은 것 같다. 내가 사는 곳은 시내버스 운영체계가 전면 바뀌면서 일시적으로 많은 혼란이 일어난 시기가 있었다. 그 무렵 내가 탄 버스에 어느 중년쯤 되어 보이는 아주머니가 타더니 버스기사와 시청 교통과, 그리고 버스회사에 대하여 욕설을 하고 노발대발하면서 관계당국에 고발하겠다고 고함을 치는 것을 보았다. 그 아주머니 이야기인즉 자기가 기다리던 버스는 운행시간이 한 15분 정도의 간격인데, 한 시간이 지나도 오지 않고 기다린 것이 너무 억울해서 계속 기다렸다는 것이다. 아주머니 이야기를 들은 승객들도 한목소리로 행정당국과 버스회사를 나무라고 아주머니에게는 고발하라고 전화번호까지 일러주는 사람도 있었다. 이른바 시민의 발인 시내버스에 대하여 시 당국이나 운수업계는 신경을 쓰고 시민들에게 불편이 없도록 해야겠다고 생각했다.

시내버스를 타보면 우리들 삶의 단면을 보는 것과 같은 느낌이 드는 때가 있다. 태어난 환경이 좋거나, 살면서 형편이 나아져서 한평생을 고생 없이 사는 사람이 있는가 하면, 평생을 고생하며 어렵게 사는 사람도 있다. 일찍 자리를 잡아 편안하게 목적지까지 가는 사람도 있고, 비좁은 버스에 서서 고생하며 가는 사람도 있다.

시장 부근을 지날 때 연세가 많은 여성분들이 무거운 시장 보퉁이를 들고 버스에 오르는 것을 자주 본다. 좀 편안하게 살아야 할 연세인데, 아직도 자식이나 가족을 위해서 저 무거운 짐을 이리저리 옮겨 장사를 해야 하는가를 생각하니 마음이 편치 않다.

며칠 전 시내버스를 탔는데 연세가 팔십 가까이 되어 보이는 할머니가 큰 보퉁이를 들고 탔다. 정신도 온당치 않은 것 같았고 멍하니 앉아 있었다. 저 연세에 마땅히 책임지고 모실 자녀가 없어서 저 고생을 하는가 생각했다. 큰소리로 겨우 내릴 곳을 확인하고 내리는 것을 도와는 드렸다. 그러나 무거운 짐에다 거동도 불편한 노인네를 따라 내려서 목적지까지 안내라도 했으면 하는 마음은 있었지만, 그것을 실천하지 못한 것이 매우 가슴 아팠다.

다시는 그런 무심한 사람이 되지 않으리라. 그런 불쌍한 이를 도와드리지 못한 이 아팠던 기억을 다시 되풀이하지 않을 것이라고 다짐했다.

비 오는 날

어제저녁 일기예보에 오늘은 하루 종일 비가 온다더니 아침부터 창가에 비가 주룩주룩 내린다.

비 오는 날 이따금씩 떠오르던 고산 윤선도의 산중신곡山中新曲 중 하우요夏雨謠가 생각난다.

> 비 오는데 들에 가랴 사립 닫고 소 먹여라
> 마히(장마가) 매양이랴 쟁기 연장 다스려라
> 쉬다가 개는 날 보아 사래 긴 밭 갈아라

요사이는 기상이변이 자주 발생하여 비가 너무 강하고 요란스럽게 와서 때로는 비로 인한 많은 피해가 발생하기도 한다.

그러나 내 어릴 적 비 오는 날의 추억은 너무도 평온하고 한 폭의 그림처럼 느껴진다. 앞산을 가리듯 비가 자욱하게 내리면 빗줄기가 하늘에서부터 길게 드리워지고 삽시간에 마당 가득히 물이 고이고 물방울이 둥둥 떠내려간다. 농사일에 바쁘던 할아버지는 외양간에 소를 매어 놓고 긴 담뱃대로 담배를 피우고 내리는 빗줄기를 바라보며 "비 잘 온다!" 하고 기뻐한다. 나는 할아버지가 거처하는 사랑채의 따스한 아랫목에서 할아버지를 졸라서 옛날이야기를 흥미롭게 들었다. 어머니가 볶아주던 고소한 콩이 든 밀을 먹던 행복했던 기억도 아직 생생하다. 두 분이 다 오래전에 고인이 되셨으니 육친에 대한 그리움과 인생의 무상함을 한 번 더 절감하게 한다.

고산은 '마히(장마가) 매양이랴 쟁기 연장 다스려라' 고 했다. 장마가 늘 계속되지는 않는다. 인간의 어려움이나 고통도 끝없이 계속되지는 않는다. 언젠가는 고통이 그치고 맑고 밝은 해 뜰 날이 찾아온다. 하지만 요사이 사람들은 너무나 쉽게 좌절하고 목숨까지 가벼이 버리기도 한다. 좀더 느긋하게 생각하고 고산의 글에서처럼 쟁기연장을 다스리는 마음으로 준비하면서 살면 어떨까 하고 생각해본다.

우리 국민은 매사를 너무 빨리 서둘러서 일을 처리하려는 경향이 있다. 그것이 때로는 큰 화를 불러일으키는 경우가 많았다. 해외여행을 하다보면 우리 한국 사람을 보고 '빨리 빨리 코리아' 라고 말하는 외국 사람을 더러 발견한다. 그들의 눈에는 우리가 매우 서둘러 일을 처리하는 국민으로 비쳐지고 있는 모양이다. '빨리 빨리' 사고 방식은 6·25전쟁으로 잿더미가 되었던 우리나라를 오늘날, 세계 10위권의 경제대국으로 올려놓은 원동력이 되었다고들 이야기하는 긍정적인 측면도 있다. 그러나 이제는 좀 여유를 가지고 천천히 생각하면서 살아가야 할 때가 되었다고 본다.

신문에 실린 어느 분의 글을 보니까, 아프리카 탐험에 나섰던 백인 탐험가가 원주민인 짐꾼을 재촉해 가는 도중 사흘째 되는 날 짐꾼이 더 이상 전진하지 않고 꼼짝하지도 않았다. 화가 난 탐험가가 다그치니까 원주민이 '우리는 사흘 동안 너무 빨리 왔다. 그래서 우리의 영혼이 따라올 시간을 주기 위해서 기다려야 한다' 고 대답했다고 한다. 한번 생각해볼 만한 이야기다. 아무리 삶이 어렵고 각박하다 하더라도 앞으로는 '쉬다가 개는 날 보아 사래 긴 밭 갈아라.' 하신 선현들의 여유로움을 본받으면서 살아갔으면 좋겠다고 생각해본다.

지금도 밖에서는 쉼 없이 비가 내리고 있다.

하나에서 만까지

건강한 노후를 위한 지침으로 요사이 이런 말들이 떠돈다. '하루 한 가지씩 착한 일을 하고, 하루 열 사람 이상을 만나 대화를 하고, 하루 백자 이상의 글을 쓰고, 하루 천자 이상의 글을 읽고, 하루에 만보 이상을 걸어라' 이런 말들은 대개 그 자리에서 웃고 말고 잘 잊어버린다. 그러나 이 말은 외우기가 쉬워서 그런지 잊어버려지지 않고 기억에 남고 또 그대로 실천해 보고 싶은 생각이 들었다. 그래서 나는 나름대로 이 말을 '하나에서 만까지'의 시리즈라고 잠정적으로 제목을 붙여보았다. 그리고 이 시리즈를 실천해 보기로 결심했다.

하루 한 가지씩 착한 일을 해보자. 평생을 사회의 혜택 속에서 신세를 지고 살아왔다. 얼마 남지 않은 인생, 이제 남을 위해 베풀고, 친절하고, 남과의 고통을 나누고 봉사하며 살아보자.

오늘은 장날이다. 이곳에는 5일 만에 장이 열린다. 장날에는 근처의 농가로부터 여러 가지 농산물이 모여든다. 그중에서 꼬부라진 허리에 걸음도 겨우 걷는 할머니가 조그맣게 채소나 과일을 가지고 나와서 팔고 있다. 평소에 나는 그분의 물건을 사주고 싶었다. 이제 이것을 실천에 옮겨보자.

아파트 관리소의 계몽활동에도 불구하고 담배꽁초나 휴지는 언제나 버려진다. 이것을 주워서 휴지통에 버리는 일을 계속해보자. 혹시 담배꽁초를 버린 사람이 보고 양심의 가책을 느낄지도 모르는 일이다.

일주일에 한나절씩 병원 봉사를 가는 날에는 병원의 환자들에게 더 친절하고 정성을 다해서 도와드리자. 아프면 외롭고 불안하고 짜증나고 어린애가 된다고 한다. 언제 나도 저렇게 병원 신세를 질지도 모른다.

성당에 나가면 젊은 사람들과 어울릴 때가 더러 있다. 그럴 때는 넉넉잖은 용돈이지만 젊은이보다 앞서 지갑을 열어보자. 이제 나는 쓰일 때가 그렇게 많지 않지만 젊은이들에게는 아직도 돈 쓰일 곳이 너무나 많을 것이다.

하루에 열명 이상의 사람을 만나자. 나이 들어 치매에 걸리는 원인 중의 하나가 사람들과의 만남의 부족에서 기인한다고 한다. 하루에 열명 이상의 사람을 만나는 것은 그렇게 어려운 일은 아니리라. 게으름 피지 말고 모임에 부지런히 참가하자. 세상 돌아가는

아리랑-만추 1, 2013, 디지털조각, 페인팅, 60cm×60cm

정보나 소식도 여기에서 얻을 것이다. 동네의 나무그늘 밑 노인정에서 사람들과의 세상 사는 이야기도 나누어보자.

나는 퇴직 후 대학의 평생교육원 수필반에 등록하여 일주일에 하루씩 출석하고 있다. 하루 백자 이상을 쓰고 천자 이상을 읽는 것은 수필반 공부를 대신해 보자. 수필을 써 봤으면 하는 생각은 평생의 소원이었지만, 늦게 시작한 이 일이 가능한 일인지 나 자신에게도 의문표를 던져본다. 수업시간에 교재로 사용한 수필의 내용이 너무 좋아서 작가와 통화를 했더니 친절하게도 본인의 수필집과 여러가지 자료들을 보내주었다. 너무도 고마웠다. 그런 착한 마음씨를 지녀야 그렇게 좋은 글을 쓸 수가 있을 거라고 생각했다.

이 시리즈 중에서 내가 제일 중점적으로 실천하고 싶은 일은 하루에 만보 이상을 걷는 것이다. 나는 8년 전부터 당뇨의 수치가 좀 높아서 나름대로는 철저히 관리를 하고 있다. 당뇨관리는 약, 음식, 운동 이 세 가지가 삼위일체가 되어 어느 하나도 소홀히 할 수가 없다. 하루에 만보 이상을 걷는다는 것은 그렇게 쉬운 일이 아니다. 당뇨를 잘 관리하고 건강하게 사는 탤런트 김성원 씨의 "걷고 또 걸어라, 걷는 일을 귀찮게 생각하지 말아라"는 말이 늘 뇌리를 떠나지 않는다. 오랫동안 방치해 두었던 만보기를 꺼내서 건전지를 새로 넣고 허리에 차고 다닌다. 만보 이상을 걸으니까 그런지 아침마다 재어보는 혈당수치도 당뇨인으로서 정상치에 가깝게 조절된다.

병석에 누워서 오래 사는 것이 결코 행복한 삶은 아니다. '건강하게 살아 자식이나 주위 사람들에게 부담주지 않는 것' 이것이 노년기에 들어선 사람들의 최대의 소원이고 행복이다. 건강한 노년을 위하여 나는 오늘도 '하나에서 만까지' 의 시리즈를 생각하면서 걷고 또 걷는다.

추봉도
秋蜂島

이순신 장군의 임진왜란 대첩지 한산도 동남쪽에 면적 약 3.8㎢의 추봉도가 있다. 올 7월에 추봉도와 한산도를 연결하는 길이 400m의 추봉교가 개통되었다.

추봉도는 내가 42년 전 교직생활을 시작했을 때 첫 발령지였다. 사대를 졸업하고 신규 발령자가 거쳐야 하는 6개월 임기의 임시교사 자리로 추봉초등학교로 발령을 받았다. 통영항에서 배를 타고 40분 정도 가자 배가 추봉도 선창에 닿았다. 섬 주민들이 모여들어 오는 사람들을 환영하고 통영에서 가져온 짐들을 받아 날랐다. 추봉학교는 당시 6학급 규모의 아담한 학교였다. 학교 뒤편 언덕을 넘으면 몽돌로 유명한 해수욕장이 있고 바다 멀리 죽도와 장사도가 보였다.

누구든지 첫 부임지에 대해서 애틋한 정을 느낄 것이다. 나도 6개월 후 임기를 마치고 그 학교를 떠나올 때는 이별이 너무나 서러워서 학생들과 함께 울었고 학생들은 내가 탄 배가 보이지 않을 때까지 손을 흔들어 주었다. 그 후 한동안 그 애들이 생각나고 보고 싶어 혼자 눈물을 흘리곤 했다. 지금은 뿔뿔이 다 흩어지고 두 명만이 그곳에 살고 있지만 이미 오십 대 중반의 나이에 접어들었다.

나는 요즈음 여행할 기회가 있으면 과거 근무하던 학교를 한 번씩 찾아보고 있다. 이번에는 우리 집 아이들의 여름휴가에 맞추어 추봉도를 찾았다. 가족이 통영 연안여객선 터미널에서 차를 배에 싣고 한산도를 거쳐 추봉교를 지나자 추봉도에 닿았다. 평생 내 마음속에서 떠나지 않던 추봉도, 드디어 그 추봉도 를 찾아왔다.

우리 일행은 봉암 부락의 한 펜션에 여장을 푼 후 섬을 일주하는 도중에 추봉학교를 찾아보았다. 이미 8년 전에 폐교가 되었다고 한다. 교문에 들어서니 폐교에 따른 관리 책임학교장의 안내문이 게시되어 있었고, 풀 한 포기 없었던 운동장은 무성한 잡초로 풀밭이 되었다. 풀밭의 한구석에 끊어진 배구 네트 조각이 보였다. 학생들과 어울려서 운동하던 기억이 떠올랐다. 근무 당시에는 250여 명의 학생이 다녔지만 지금은 섬 전체의 인구 450여 명 중에서 9명만 인근 한산초등학교에 다니고 있다 하니 농어촌 인구의 감소와 고령화 현상이 얼마나 심각한지를 실감케 한다.

학교 건물은 내가 떠나온 후 2층 구조로 새로 지어진 것 같다.

건물에서는 아직도 아이들의 떠들썩한 소리가 들리는 듯하다. 운동장 곳곳에는 독서상, 코끼리상, 사자상 등의 조각품들이 그대로 있었고, 내가 근무한 당시 교장이었던 임벽영 교장의 공덕비가 서 있었다. 통영 교육장을 지낸 분이었는데 교육에 대한 애정과 신념이 투철해서 우리 교사들에게 모범이 되었다. 이제 폐교가 된 학교와 함께 그 당시 젊은 나이에 교육에 대한 무한한 가능성과 열정을 지녔던 교사도 늙은이가 되었으니 세월의 무상함을 다시 한 번 느끼게 된다. 숙소로 오는 내내 폐허가 되다시피 한 학교 생각이 자꾸만 났고 가슴이 아팠다. 회심해져서 유행가를 속으로 흥얼거렸다.

기억 니은 잠이 든 교정에 맨드라미 저 혼자 피다가/ 아이들이 그리운 날은 꽃잎을 접는다/ 계절이 오는 운동장마다 깃발처럼 나부끼던 동무여/ 다들 어디서 무얼하고 있는지 옛날 다시 그리워지면/ 텅빈 교실 내가 앉던 의자에 나 얼굴 묻는다

시간은 모든 것을 망각하게 하는가? 퇴직 후 8년의 세월은 나를 교육에서 까마득하게 먼 시간 속으로 이끌고 간 것 같다.

나는 지난날 교직생활을 되돌아보았다. 첫 발령지에서 가르쳤던 그 어린아이들의 인격형성에 나는 어떤 영향을 미쳤을까. 청소년의 비행 연령은 점점 낮아지고 있고, 비행 정도는 점점 심해지고 있다. 담배를 피거나 아무데나 빈 깡통을 차 버리는 아이들에게 주

의를 주기가 망설여진다. 내 말을 들을까 의심스럽기도 하려니와 자칫하면 봉변이라도 당하게 될까봐 외면하고 싶은 것이다. 이제는 아무도 청소년 선도에 관심을 두지 않으려고 한다. 나는 그 원인을 교육에서 찾으며 내 한평생을 몸담은 교육의 성과가 겨우 이것인가 하는 참담한 반성을 하곤 한다.

법정스님이 쓴 〈설해목雪害木〉이라는 수필에 보면 "겨울철이면 나무들이 많이 꺾이게 된다. 모진 비바람에도 끄떡 않던 아름드리 나무들이, 꿋꿋하게 고집스럽기만 하던 그 소나무들이 눈이 내려 덮이면 꺾이게 된다. 가지 끝에 사뿐사뿐 내려 쌓이는 그 가볍고 하얀 눈에 꺾이고 마는 것이다" 청소년을 올바로 이끄는 길은 딱딱한 규율과 질책이 아닐 것이다. 아름드리 나뭇가지를 꺾이게 하는 것은 사뿐사뿐 내리는 부드러운 눈이듯, 부드럽고 따뜻한 마음씨가 그들을 선도할 것이다.

나는 교직생활을 후회 없이 했는가? 학생들에게 너무 엄한 선생은 아니었던가? 학생을 따뜻하게 돌보고 이해하려고 노력하며 사랑으로 가르친 시간은 과연 얼마나 될 것인가? 학생들을 자식처럼 동생처럼 사랑하는 마음을 지니고 교육했던가?

그날 밤, 밤새 추봉도에서 처음 만났던 유순하고 천진했던 제자들이 눈앞에 아른거리며 잠이 오지 않았다.

기다림

우리 삶은 기다림의 연속이다.

어릴 적, 장에 가신 어머니를 기다리며 몇 번이고 어머니가 오실 고갯마루를 바라보던 것으로 내 기다림의 세월은 시작되었다. 학창시절엔 휴일을 기다리고 방학을 기다리고 연인을 기다리고 결혼을 기다리고 아이가 태어나길 기다리고 통장이 불어나길 기다리고 승진을 기다리고 아이들 학업이 끝나길 기다리고 퇴직을 기다리고……. 기다리다가 한평생이 다 가 버렸다.

나는 항상 만나기로 약속한 시간보다 좀 일찍 나가서 기다린다. 상대방에게 신의를 지키는 뜻도 있지만, 약속 시간에 늦어 허둥대는 것은 내가 지향하는 삶이 아니기 때문이고 기다리는 동안 설렘을 즐기는 때문이다.

기다림은 기대와 희망으로 가득찬 시간이다. 가톨릭에서는 예수 성탄 전 4주간을 대림절待臨節이라 하여 회개하며 그리스도의 탄생을 기다리고 "구세주 빨리오사 어두움을 없이하며/ 동정 마리아에서 탄생하옵소서……."라는 성가가 대림절 내내 불리어진다. 동양의 시인들은 봄이 되면 대춘부待春賦를 짓는다. 봄을 기다리는 희망의 글을 쓰고 새봄에 대한 새 삶의 기운을 불어넣는다. 기다림이 이처럼 즐거움과 행복과 희망만을 가져온다면 얼마나 좋을까.

절망으로 이어지는 기다림이 없다면 삶도 이다지 신산하진 않을 것이다. 신라 눌지왕 때 일본에 볼모로 잡혀간 왕의 동생을 구하고 일본 왕의 심한 고문 끝에 죽은 박제상을 기다리던 그의 부인은 망부석이 되었다는 전설이나, 6·25전쟁 때 자식을 군에 보내고 소식이 없어 기다림으로 한평생 세월을 보낸 부모들의 한 맺힌 삶이나, 님 그리워 밤잠을 설치며 새벽녘까지 뒤척이는 규방의 젊은 아낙네의 기다림은 애달프고 간절하다. 그런 간절함을 당나라 시인 이단李端은 이렇게 노래했다.

달 지고 별도 듬성 날이 새는데
가물거리는 등불 아래
꿈도 꾸어지지 않네
저고리 걸치고 행여 님 오시나
문 밖에 나서니

아리랑 – 가을축제 2, 2013, 디지털조각, 페인팅, 60cm×60cm

애꿎은 까치만

아침부터 울어대네

— 이단의 〈님 기다리는 마음〉

아침에 까치가 울면 반가운 손님이 오신다 하였기로 문밖으로 나가 보았지만 까치 소리에 속절없이 원망만 나왔다. 속은 줄 알면서도 차마 님을 원망할 수 없다. 기다리고 또 기다리는 삶이 우릴 지치게 한다.

그러나 기다림은 자연의 질서에 순응하는 마음이다. 농부는 때를 맞추어 파종하고 나면, 자라고 익을 때를 기다려 수확한다. 소나 돼지나 배가 부르면 새끼를 낳을 때를 기다려야 하고 닭이 알을 낳지 않는다고 잡아서 배를 갈라봐야 소용이 없다. 자연의 질서에 순응하며 자연의 혜택 속에서 살아가는 농부의 마음은 느긋하게 기다릴 줄 아는 지혜로 익어간다.

21세기를 사는 인류는 바로 이 느긋한 기다림을 잃은 것이다. 편리만을 바라고 조급하게 성취만을 기대하는 마음이 자연의 질서, 자연의 기다림에 반하는 문명을 이루었다. 이제 우리는 위기에 처한 것 같다. 지구의 평균온도가 지금보다 섭씨 2도 이상 상승하면 생태계에 심각한 악영향을 끼쳐 20~30%의 생물종이 멸종될 것이라는 전망이 나온 바 있다. 2007년 노벨 평화상이 기후 변화의 실상을 전 세계 사람들에게 과학적으로 이해시키는데 기여한 유엔기

구인 정부간 기후 변화협의체(IPCC)와 엘 고어 전 미국 부통령에게 돌아간 것은 이런 위기의 심각성을 반영한 것인지도 모른다. 지구 온난화와 기상이변 같은 현상은 인간이 자연의 법칙에 순응하지 못하고 이를 거스르는데서 오는 재앙적인 현상이다. 때를 맞추어 파종하고 수확하듯 느긋하게 자연의 질서를 따르는 삶이 아쉬운 때다.

막춤 관광버스

늦더위 속에서도 가을이 왔다.

곳곳에서 단풍 소식이 들려온다. 퇴직 후 자가용으로 설악산 일대를 돌아오는 것이 아내의 소원이었다. 그러나 그 소원은 실행에 옮겨지지 못하고 몇 년이 흘렀다.

이번에는 소원과 다르게 여럿이 함께 관광버스를 이용하여 이틀간의 짧은 일정으로, 정동진, 오죽헌, 낙산사를 거쳐 설악산을 찾기로 했다.

정동진에 닿으니 앞이 훤하게 트인 바닷가에 아담한 역이 나타났다. 서울 광화문의 정동 쪽에 자리 잡고 있다고 해서 붙여진 이름이다. 인기드라마 《모래시계》의 촬영지로 유명하다고 하지만,

정월 초하루에 떠오르는 해를 보기 위해서 그렇게도 많은 사람들이 모여든다. 지금은 한가한 백사장에 잔잔한 파도가 밀려오고 드문드문 짝지어 백사장 위를 걷는 연인들의 모습이 정다워 보였다.

강릉 시립박물관 경내에 있는 오죽헌, 문성사, 율곡기념관 등을 찾았다. 오죽헌은 보물 제165호로 신사임당이 용꿈을 꾸고 이곳 몽룡실에서 율곡 이이를 낳았다고 한다.

신사임당은 부모에게는 지극한 효녀요, 착한 아내로 남편을 잘 섬겼으며, 어진 어머니로서 자식들을 훌륭하게 키운 후세 사람들에 대한 여성의 사표師表이다. 사임당이 한성 시집으로 갈 때 대관령을 넘으면서 어머니가 있는 마을을 내려다보며 지은

> 늙으신 어머님을 고향에 두고/ 외로이 장안(서울)으로 떠나는 이 마음/ 돌아보니 북촌은 아득도 한데/ 흰 구름만 저문 산을 날아 내리네

라는 〈유대관령 망친정踰大關嶺 望親庭〉의 친정어머니에 대한 애틋한 시는 여행객의 가슴을 뭉클하게 한다.

신라 때 의상대사가 창건했다고 하는 낙산사洛山寺에 이르렀다. 2005년 4월에 영양지역의 큰불로 거의 모든 건물이 타고 지금 복구 작업을 하고 있으나 전체적인 모습을 갖추기까지는 아직 4~5

년이 걸릴 것이라 한다. 귀중한 문화재를 원형 그대로 보지 못하여 마음을 아프게 한다. 신성봉 정상에서 동해 쪽으로 우뚝 서 있는 돌로 된 높이 16m의 동양 최대 해수보살상이 매우 인상적이었다.

낙산사는 관음보살이 있다는 보타낙가산普陀洛迦山의 산 이름을 따서 지은 이름이며, 이 절과 관련하여 관음보살과 의상대사에 대하여 여러 설화가 전해온다.

낙산사가 불탈 때 관음보살은 창건 때의 그 영험靈驗을 발휘하지 못했을까? 나는 불교 반야심경에서 읽은 색즉시공色卽是空을 생각했다. 이 세상의 모든 것은 실체가 없다. 빛깔과 형태로서(色) 화려하게 군림한다. 뭇사람들의 발길이 끊이지 않았던 낙산사도 하루아침에 잿더미로 변했다. 관음보살은 인간에게 모든 것은 공空으로 돌아간다는 진리를 가르쳐 주기 위한 것은 아니었던가라는 생각도 해보았다.

이튿날 아침 외설악 숙소에서 일어나니 비가 주룩주룩 내리고 있었다. 비가 와도 가을 설악의 모습을 놓칠 수가 없어서 비옷에 우산을 쓰고 케이블카를 이용하여 권금성 정상에 올랐다. 산 아래쪽은 아직 푸른빛이 많았으나 정상으로 오를수록 바위와 단풍이 조화를 이룬 아름다운 설악의 절경이 전개되었다. 비로 인하여 산골짜기마다 폭포를 이루어 흘러내리는 물은 단풍과 어울려 한 폭의 그림 같았다.

남쪽으로 내려오는 차 안에서는 관광버스를 타면 항상 벌어지는 막춤 열풍이 일어났다. 소주잔이 돌아가고 차내에는 빠른 템포의 유행가가 울려 퍼진다. 한 사람씩 차 복도에 나와서 다른 사람을 불러내어 순식간에 차 안에 있는 거의 모든 사람들이 통로에 서서 춤을 추기 시작했다. 단속 경찰이 눈에 띄자 갑자기 음악이 꺼지고 날렵하게 몸을 낮추고 의자로 돌아간다. 단속 지점을 통과하자 큰 위기를 넘기고 새로운 힘을 얻어 음악 소리는 더욱 커지고 춤은 점점 더 격렬해진다.

나는 감히 그 군중들과 어울리지는 못하고 그 신나게 노는 모습들을 바라보면서 생각에 잠겼다. 우리 어른 세대들은 어째서 저렇게 관광버스만 타면 어깨를 흔들고 발을 구르면서 막춤을 추는가? 저렇게 노는 연령층은 주로 50대 후반의 사람들이 아닐까? 운전기사 이야기는 모든 세대의 성인층은 관광버스만 타면 저런 춤을 춘다고 한다. 심지어 경찰서장이 타면 앞뒤에 호위 백차를 배치하고 막춤을 춘다고 하는 농담조의 이야기도 한다.

우리 나이 든 세대들은 젊은 시절 많은 고생을 했다. 열심히, 빠른 속도로, 온힘을 다해서 세계 10위권의 경제 대국도 이루었고, 자신은 못 먹고 못 입어도 자식들은 대학에 보내고 훌륭히 키웠다. 이제 황혼기에 접어들면서 그들의 남은 에너지, 남은 한의 발산이 이런 막춤의 형태로 나타나는 것은 아닐까? 이 춤은 우리 나이 든 세대의 삶의 마지막 하소연일지도 모른다.

우리 민족의 이런 막춤에 대해서 관련된 자료를 찾아보았다. 우리나라에는 유목문화의 유산이 유입되어 지금도 일상생활 문화 유전자로 작용하는 것이 많다고 한다. 유목민인 몽골족은 말 위에서 생활하는 시간이 많기 때문에 어깨춤이 발달해 있다고 한다. 좁은 공간에서 벌어지는 관광버스의 막춤도 이런 유사한 면이 있다고 한다. 또 다른 유목 문화의 유입 요소로는 술잔 돌리기, 빨리빨리 문화, 고스톱 등을 들 수 있다고 한다.

달리는 버스에서 전개되는 막춤은 안전 운행에는 분명히 위험한 요소이다. 발각되면 많은 벌금을 낸다고 하지만 관광사업의 경제적인 측면과도 맞물려서 근절되지 않고 국민이 즐기는 문화로 자리 잡고 있다.

버스는 계속 남쪽으로 달려 어느덧 출발지 가까이 온 것 같다. 이제는 지쳤는지 조용하고, 도란도란 이야기 소리만 들려온다.

목숨을 걸고(?) 달리는 버스에서 막춤을 즐기는 우리 민족은 정말 대단하다는 생각이 든다. 아쉬운 작별인사와 함께 차에서 내렸다.

아리랑-사람들, 2013, 디지털조각, 페인팅, 60cm×60cm

안부전화

섭씨 35도.

연일 폭염 경보가 내리고 숨 막히는 무더위가 계속되고 있다. 밖에 나가면 화끈한 열기가 달아오른다. 길거리에는 행인들의 통행도 뜸해진 것 같다. 더위 때문에 밭에서 일하던 노인이 돌아갔다는 뉴스가 계속 들려온다.

이렇게 더운 날 오후 서울 아들로부터 전화가 걸려왔다. 날씨가 매우 더우므로 건강에 유의하라는 안부 전화다. 힘이 솟는 듯하고 고마웠다. 반가운 소식을 외출에서 돌아온 아내에게도 전했다.

평소에 전화를 잘 하지 않는다. 일년에 몇 번 걸려오는 안부 전화다. 며느리한테서는 2~3일에 한번씩 안부 전화가 와서 손자가 자라는 소식도 듣고, 아들이 전화 안 하는데 대한 서운함도 다 잊는다. 아내는 아들이 아예 전화를 잘 하지 않는 무던한 성품이라고 스스로 이해하고 나에게도 너무 서운하게 생각하지 말라고 위로한다. 바쁜 사람이 시간을 내어 무더운 철 부모 건강을 염려하며, 전화를 하니 고마웠다.

대학병원 응급의학과를 책임지고 생사의 기로를 넘나드는 환자들을 다루고, 의대생들을 교육하고, 외부 강의로 매일 빠듯한 시간을 보낸다.

의술의 모든 분야가 다 중요하겠지만 응급진료는 인간생명을 다루는데 매우 중요하다. 의과대학에서 레지던트 과정에 들어가면서 응급의학과를 선택하겠다고 했을 때 우리 내외는 너무 놀랐고 당황스러웠다. 이제 10여 년의 세월이 흐르고 아이가 병원에서 근무하는 모습을 보고 이 분야를 전공하게 된 동기를 이해하게 되었다.

자식으로서 누구나 부모를 생각하는 것은 인지상정人之常情이다. 이제 나도 칠순을 지난 나이에 어머님 생각이 너무나 간절하다. 공무원으로 이곳저곳 전출을 다니면서 살아계실 때 어머님을 편안히 모시지 못한 것이 항상 후회스럽고 가슴이 아프다. 지난번 어느 노인대학에서 강의를 하면서 어머니에 대한 글을 하나 소개했다.

> …어머니는 전생에서도 나의 어머니였고, 그 전전의 생애에서도 나의 어머니였음에 틀림없습니다. …생을 사노라 모든 일을 다 겪으시고 이제는 너무나 몸이 가벼워져서 눈 내린 길을 걸어도 발자

국조차 패이지 않는 어머니가 생각납니다.

자식들이 자주 전화도 안 한다고 섭섭하게 생각하는 부모도 많을 것이다. 그러나 자식의 속마음은 항상 부모를 생각할 것이다.

나에게는 팔순을 지난 장모님이 처가에 혼자 계신다. 아내는 항상 걱정하고 자주 안부 전화를 한다. 한 달에 한번 정도로 우리 내외는 장모님을 찾아간다. 이번 무더위에 우리 내외는 장모님을 생각하고 안부 전화를 했다. 전화할 때는 우리 안부를 먼저 묻는다. 구내염으로 고생하는 딸과 당뇨 조절에 신경 쓰며 사는 사위 안부를 묻는다. 며칠 후에 장모님이 매일 가서 소일하시는 노인정에 과일이나 사가지고 한번 찾아가야겠다.

저녁시간이 가까워지니까 폭염 속에서도 시원하고 상쾌한 한 줄기 바람이 불어온다.

안동

안동, 고향도 아니고 오래 산 곳도 아니지만 항상 내 마음이 머무는 곳이다. 안동과 나와의 인연은 47년 전으로 거슬러 올라간다. 그곳에서 나는 군 복무를 하였다.

그 후 큰딸이 그곳 대학에 재직하면서 마음이 항상 안동을 향하게 되었다. 또 다른 인연은 안동의 진성眞城 이씨 집안과 사돈을 맺어 아들의 배필을 맞아들이게 된 일이다. 사돈 집안에서는 종손宗孫으로서 지금도 도산서원을 중심으로 선대 제사를 모시면서 살고 있다.

여행객의 즐거움 중의 하나는 낯선 곳의 독특한 음식을 맛보는 것이다. 나도 딸 때문에 안동의 고유한 음식을 먹을 기회가 더러 있는데 먼저 안동 간고등어가 생각난다. 간고등어라면 짠 느낌이

들지만 짜지 않고 알맞게 간이 되었고 무청된장국, 메밀묵, 배추부침개 등을 곁들여 꾸며진 밥상은 독특한 맛을 낸다.

안동 한우도 빼놓을 수가 없다. 식당 주인의 이야기인즉 안동 한우는 육질 내 지방이 고르게 분포되어 있어 독특한 쇠고기 맛이 난다고 한다.

우리나라에서는 제사를 지낸 음식으로 비빔밥을 만들어 먹는 풍습이 있다. 안동에 가면 '헛제삿밥' 이라는 음식이 있다. 평상시에 제삿밥을 먹지 못하므로 제사 음식과 같은 재료를 마련하여 비벼 먹는데 이것을 헛제삿밥이라고 한다. 갖은 나물로 색깔을 맞추어 담고 탕과 고기, 생선을 곁들여 먹는 제사음식 맛 그대로의 비빔밥은 특이하다.

나는 당뇨 치료에 도움이 된다는 안동 마(산약) 분말을 주문하여 복용하고 있다. 마는 안동에서 전국 재배면적의 70%를 생산한다고 한다. 생마를 건조하여 분말을 만든 것인데 마의 독특한 향이 난다.

안동 사람들은 자기네 고장이 한국정신문화의 수도라고 자부심이 대단하다. 나도 그 말에 수긍이 간다. 오래전 기억이지만 군에 있을 때 안동이 고향인 전우의 집에 하룻밤 묵은 일이 있었는데 아침에 일어나니까 어린아이가 "밤새 편안히 주무셨습니까?" 하고 문안 인사를 하던 기억이 난다.

안동에 대해서 이야기할 때는 이퇴계의 도산서원과 세계적인 문화유산인 하회마을을 떠올리는 사람이 많다. 퇴계 선생은 한국 성리학의 대표적인 학자이다. 그의 사상은 이후 일본 근대 유학의 발달에 커다란 영향을 끼쳤다고 한다.

나는 퇴계 선생의 그 심오한 사상에 대해서 깊이 공부한 바는 없지만 관련된 몇 권의 책은 읽었다. 그중에서 마음공부의 책인 《고경중마방古鏡重磨方》을 즐겨 읽고 있다. 고경중마방은 '옛 거울을 거듭 닦는 묘방妙方(절묘한 방법)' 이라는 뜻이다. 역대 여러 성현들의 명銘(돌이나 나무 쇠붙이에 새겨 마음을 경계하는 글), 잠箴(벽 등에 붙여 마음을 다스리고 경계하는 글), 찬贊(어떤 대상에 대해 칭송하고 기리는 글)을 한데 모아 엮은 글이다. 70개의 명구名句와 그에 대한 원문과 해설이 곁들어 있지만, 그중에서도 "옛적에는 군주와 백성들이 소박하고 검소하여서 작은 일에도 감사하고 만족할 줄 알았는데, 시간이 흐를수록 군주와 백성들의 욕망은 걷잡을 수 없이 치솟아 재물과 사치욕에 빠져 그 순박하고 선한 본마음을 잃고 말았다. 그래서 욕심이 적은 것을 최고의 보물로 삼고, 숲 속에 한가로이 누워 있는 못생긴 통나무를 닮아가며 소박한 모습으로 늙어 가고자 한다."는 "숲 속의 못난 통나무가 되라"는 말이 공감을 불러일으킨다.

과거 군복무를 할 때의 안동은 이곳 남쪽에서는 먼 곳으로 생각되었다. 고속도로는 물론 없었고 도로의 포장률도 낮았다. 지금은 이곳에서 구마고속도로와 중앙고속도로를 거쳐 2시간 반 정도면 닿는다. 이제는 경북의 도청 소재지가 안동으로 정해졌으니 앞으로 그 모습이 많이 변할 것 같다. 현대 문명의 편리함에 맞게 발전하는 것도 좋은 일이지만, 우리의 고유한 문화유산이 많은 안동이 너무 변하면 어쩌나 하는 걱정을 하게 된다.

가을이 되니 손자 손녀들이 학교에서 운동회를 하는 모양이다. 할아버지 할머니를 모시겠다는 초청의 전화가 왔다. 아내와 함께 가을 들판의 풍성한 정취를 맛보며 텃새처럼 마음속에 그리던 안동을 다녀와야겠다.

여름날 저녁 무렵

섭씨 35도를 오르내리는 폭염이 계속되는 날이다. TV도 보고 신문도 뒤적이고 화초에 물도 주며 소일하면서 끼니를 거르는 법이 없는데 뭔가 속이 헛헛했다. 신간 안내에서 책 한 권을 찜해 놓고 그 책을 사서 읽어봐야겠다고 별렀다. 며칠 지나 책방에 주문해 놓았으나 막상 땡볕에 나설 엄두가 나지 않았다. 저녁이 되어서야 작정하고 집을 나섰다.

서점으로 가는 길은 이 지역에서 제일 번화한 거리이다. 잘 꾸며진 거리, 갖가지 문양으로 장식된 페이브먼트, 인간이 만든 인공미의 아름다움도 자연미 못지않다. 백화점과 대형마트가 인접해 있어 많은 사람들이 오고 간다. 폭염경보가 계속되는 계절이라 젊은 이들의 차림새는 위태로울 만큼 노출되었다. 옷은 다 벗다시피 했

아리랑 – 가을축제 1, 2013, 디지털조각, 페인팅, 60cm×60cm

지만 연인끼리 친구끼리 손잡고 팔짱 끼고 다정하게 씩씩하게 걷는다. 저렇게 바짝 붙어 다니면 덥지 않을까. 하지만 그다지 눈에 거슬리지 않는다. 거슬리기는커녕 생기발랄해 보이고 부럽기까지 하다. 그들 사이를 나도 허리를 펴고 힘 있게 걸어본다. 쌍쌍이 웃고 떠들며 내 곁을 지나친다. 무슨 이야기들을 할까? 귀를 쫑긋 세워도 그들의 얘기는 들리지 않는다. 마침 바람 한 점이 내 이마를 스쳐 가로수 잎사귀들 사이로 사라락 사라진다. 어이, 늙은이! 뭐가 그렇게 궁금해, 하고 책방까지 왔다. 책은 카운터에 준비해 놓았다. 회원이라고 주민등록번호를 입력하니까 할인도 해준다. 기업이 제공하는 서비스는 그 제도에 동의하며 이용하는 고객에게는 보너스를 준다. 기분이 나쁘지 않다.

집으로 오는 방향의 버스를 탔다. 마침 자리가 있어 편안하게 앉았다. 바깥의 온도와 대조적으로 너무나 시원하다. 책방에서 보았던 책표지의 첫인상이 생각나서 책을 꺼내어 볼까 하다가 그만두었다. 조금 오니까 친구가 교장으로 근무했던 중학교가 보였다. 그렇지, 내게도 절친한 친구가 있었다. 고등학교와 대학의 동기생이었고 공교롭게 군대도 같이 갔다.

같은 수학과 교사로 나란히 연구사와 장학사가 되었고, 또 아이들마저 같이 사법시험에 합격했다. 그보다 더 진한 인연은 그와 나는 본적지가 같은 면面 출신이라는 것이다. 일터인 학교의 문제나 인생살이의 어려운 일 등, 삶의 많은 문제를 나는 그와 의논하며 살아왔다. 그가 얼마 전, 위암으로 세상을 하직했다. 재직 중에 떠났기 때문에 마지막 이별은 학교를 한 바퀴 돌아서 갔다. 전교생이 인사했던 교장선생님을 생각하며 울음바다를 이루었다.

행복한 사람은 가장 친한 친구를 가진 사람이라고 한다. 그런 뜻에서 나는 이 세상 행복의 한 부분을 잃었다. 늘 세상살이 다 그렇지 뭐, 라고 하면서 모나지 않던 둥글둥글한 성품이었던 그의 모습이 차창으로 스친다. 나도 모르게 눈물짓는다.

세월이 친구들을 하나 둘씩 데려간다. 이제 책에서나 말벗을 찾을 뿐이다.

가을비 내리는 날

가을비가 내린다. 한 달여 만의 가뭄 끝에 단비가 내린다. 조그마한 텃밭에 해마다 김장 배추를 심어 왔지만 올해처럼 가뭄에 신경써본 기억은 없었던 것 같다. 우리나라는 연간 강우량의 3분의 2가 홍수기인 6월부터 9월 사이에 집중되어 있다고 한다. 가을부터 이듬해 봄까지는 이렇다 할 큰 비가 내리지 않는다. 그래서 가을 가뭄이 더욱 심각한 것 같다. 비가 멎지 말고 푹 내려서 가을 채소들이 무럭무럭 자라기를 소원해본다.

배추밭도 문제지만 아파트 화단의 가을 가뭄도 문제다. 아내는 해마다 아파트 화단을 정성스레 가꾼다. 화단에는 철따라 여러 가지 꽃들이 핀다. 주민들은 자녀들과 함께 계절 따라 피어나는 아름다운 꽃들을 오가며 보고 즐긴다.

아내의 바쁜 일상 때문에 나는 가끔 화단 꽃에 물을 준다. 가뭄이 계속되니 꽃이 시들해지는 때가 있다. 식물이 꽃을 피울 때는 대부분 성장을 멈추고 많은 양의 수분을 흡수한다고 한다. 종족 번식을 위해 노력하는 식물의 자연적인 현상이리라. 생명을 이어간다는 것은 자연의 신비이다.

'생명의 외경' 이라는 말이 떠오른다. '외경畏敬' 은 사전에 '공경하고 어려워함, 공경하고 두려워함' 으로 설명되어 있다. 인간이나 동식물을 막론하고 모든 생명체는 외경의 대상이다. '생명의 외경' 을 평생 동안 몸으로 실천한 사람으로 우리는 아프리카의 성자 '슈바이처' 를 이야기한다.

꽃을 가꾸면서 아내는 떨어져 나간 꽃 한 송이나 풀 한 포기도 소중히 한다. 흙에 다시 심고 물을 주거나, 떨어진 꽃송이는 물이 든 유리잔에 띄워 둔다. 평소 이런 쪽에 무심한 나도 생명의 소중함을 다시 한번 생각해본다.

물을 주니까 시들하던 국화가 생기를 되찾는다. 오가는 사람들에게 싱싱한 꽃모습을 보여 줄 것을 생각하니 기분이 좋다.

가뭄과 같은 기상 이변은 어째서 일어나는가? 과학자들은 태평양 적도 부근의 해상온도가 주변보다 섭씨 2~10도 높아지는 엘니뇨 현상과 지구온난화를 들고 있다. 특히 지구온난화는 공장, 자동차, 항공기, 발전소 등에서 쏟아내는 이산화탄소의 과다 배출 때문에 가속화되고 있다. 지구온난화로 인한 기상변화로 지구의 생태계가 변화해 인류 전체가 위험에 처할 것이라는 경고가 잇따른다. 하나뿐인 지구의 장래를 생각하지 못하는 인간의 지나친 편의주의와 이기주의는 인류 전체를 망칠지도 모른다는 걱정을 해본다.

이제 가을이 완연히 깊어진 것 같다. 도심 가로수의 은행나무, 벚꽃나무는 잎이 수두룩이 떨어졌다. 다행스럽게도 청소부들은 낙엽을 깡그리 쓸어버리지 않고 남겨 두어서 시민들이 가을의 정취를 느끼게끔 해주는 것 같다.

가을비는 계속해서 내린다. 오랜만에 우산을 쓰고 노란 은행잎이 쌓인 거리를 걸어본다.

| 제 2 부 |

손자의 소망

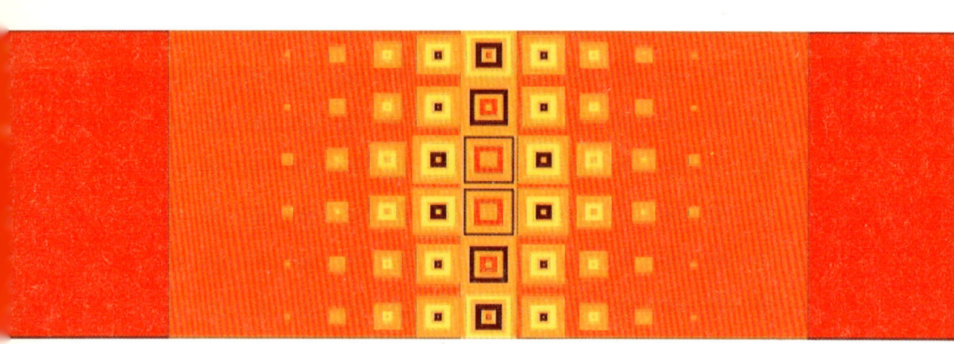

가을 1-무르익음, 2006, 160cm×50cm

손자의 소망

서울에 오래 살고 있는 사람은 한강이 그렇게 좋은 줄을 모르리라. 막내딸이 살고 있는 용산 동부이촌동에는 한강시민공원이 가깝다. 딸네 집에 가면 한 번씩 이 공원에 가서 운동을 한다.

공원을 끼고 너른 한강물이 유유히 흐른다. 언제 보아도 한강은 풍요하고 도도하다. 그래서일까. 한강을 바라보면 내 마음도 풍족해지곤 한다. 동작대교, 반포대교 위로 차들이 줄지어 달린다. 동작대교 밑 너른 공간에는 시끄러운 차들의 소음에도 불구하고 사람들이 모여 와서 시원한 강바람에 땀을 식히며 즐겁게 이야기꽃을 피운다. 지나가는 유람선에서 승객들이 손을 흔든다. 저녁이면 조깅 코스를 따라 많은 사람들이 열심히 걷는다. 조깅 코스는 흙모래 길이어서 촉감이 좋고 걷기 편하다. 강가에는 군데군데 버드나무가 있다. 버드나무는 얼마나 오랜 세월 동안 저 자리에 서 있었을까? 가끔 흘러간 옛 노래의 가사가 떠오른다.

> 한 많은 강가에 늘어진 버들가지는/어젯밤 이슬비에 목메어 우는구나./ 떠나간 그 옛날은 언제 오려나./ 기나긴 한강 줄기 끊임없이 흐른다.

한강과 나와의 인연은 50년이 넘었다. 용산에서 체신고등학교에 다닐 때 한강 백사장에서 친구들과 놀던 기억이 떠오른다. 그때에 비하면 모두가 믿을 수 없을 만큼 부유해졌다.

처서가 지나서도 늦더위가 기승을 부리더니 추석 전날 서울의 서남부에 기습폭우가 내렸다. 모두들 안타까운 마음으로 걱정하는 가운데 아침저녁으로 서늘한 초가을 날씨가 겨우 찾아왔다.

반포대교를 지나 조금 가면 서초동 아들집이다. 아들은 미국의 대학병원에서 2년여 동안 연수를 마치고 얼마 전에 귀국했다. 미국에서 돌아온 아들 가족이 아직 안정을 되찾지 못해서 이번 추석에는 우리 내외가 서울로 갔다. 서초동의 조용한 성당에서 추석 조상님들을 위한 위령미사를 드렸다.

미국에서 손녀가 태어났다. 미국 법에 따라 미국시민이 되었다고 한다. 우리 집안에서는 특별한 아이다. 올해 여섯 살인 첫 손자는 그새 많이 자라고 의젓해졌다. 나는 어른들이 보통 묻는 식으로 손자에게 자라서 무엇이 되고 싶으냐고 물어 보았다. 아이가 대뜸

'부자가 되고 싶다' 고 했다. 의외의 대답이었다. 대개의 경우 어린 아이들은 이런 질문에 요리사가 되겠다든가, 선생님이 되겠다든가, 의사 선생님이 되겠다든가, 매우 구체적인 대답을 하는 것이 보통이다. 나는 아이가 왜 이런 대답을 할까, 그 이유를 좀 생각해 보았다. 빠듯한 연수비용으로 부모들이 고생하는 것을 보고 그런 생각을 하게 되었는지 모른다. 아니면 유치원에 같이 다니던 부유한 미국 아이들을 보고 부러웠을까. 경제적 여유가 없어 도와주지도 못한 할아버지로서는 마음이 아팠다.

그러나 아이의 말에 과민할 필요는 없을 것 같다. 아직 어리지만 부자나라에 다녀온 아이가 부자가 되고 싶다고 생각하는 것은 오히려 자연스런 일일 수도 있다. 예민하지 않다면 그들의 풍요를 알아차리지 못했을 테니까. 생각해 보니 아이가 그런 말을 하는 것이 신기하기까지 했다. 아들 가족이 미국에서 살았던 곳은 미국 동부의 펜실베이니아 주 피츠버그 시이다. 피츠버그 시에는 미국의 철강왕 카네기가 세운 대학과 자연사 박물관과 음악당과 미술관이 있다고 한다. 영국 스코틀랜드의 가난한 직조공의 아들로 태어나 펜실베이니아 주로 이주하여 어려서부터 방직공 배달원 등 갖가지의 직업에 종사하였던 카네기는 피츠버그의 제강소를 중심으로 카네기 철강회사를 설립하고 철강 왕으로 부를 쌓았다. 그는 '돈은 구두쇠를 연상할 정도로 귀한 것도 아니지만, 깔볼 정도로 무익한 것도 아니다. 그것이 귀한 것은 그것을 옳게 얻기가 어렵기 때문이며, 옳게 얻은 것을 옳게 쓰는 것이 더욱 어렵다' 는 말을 남겼다.

만년에는 자신이 모은 재산을 사회에 환원하는 차원에서 교육과 문화 사업에 전념하였다. 뉴욕 최대의 공연장인 카네기홀에 출자하고 카네기 공과대학을 설립하는 데 거액을 기부했다.

우리에겐 아직도 기부문화가 건전하게 정착되지 못했다. 2001년도의 어느 통계를 보면 우리 국민의 52% 정도가 기부의 경험이 있고, 그중 정기기부자는 18.2% 정도라고 한다. 정기 기부자가 70%에 달한다는 미국과는 대조적이다. 또 우리 국민의 1인당 한 해 평균 기부액수는 51,000원인데, 미국은 130만 원, 일본은 30만 원 정도라고 한다. 이들 국가와 생활수준의 차이를 고려해도 우리 기부문화의 현실은 너무 옹색하다.

우리는 경제적인 관념을 지나치게 터부시한다. 부자가 되고 싶다는 소망마저도 자칫 속되게 바라볼 수 있다. 그러나 그것은 기부문화가 정착된다면 또 하나 사회에 대한 큰 사명이지, 사사로운 욕심이 아닐 것이다. 나는 손자가 커서 무엇을 할 것인가를 크게 걱정하지 않는다. 아들 내외의 건전한 자녀교육방식을 믿기 때문이다.

만약 손자가 자라서 지금의 자기 생각대로 부자가 된다면 카네기처럼 가진 부를 사회에 환원하고 나눔을 실천하는 사람이 되었으면 좋겠다고 생각해 본다.

천주산 범종 소리

우리 동네 뒤편에 '천주산'이 있다.

도심 가까이 있는 고마운 산이다. 나는 일주일에 한두 번 이 산에 오른다. 일 년 내내 나에게 즐거움을 주는 산이다.

앙상한 가지만 남았던 적막한 숲속에 겨울이 지나가면 반가운 꽃들이 핀다. 봄소식을 먼저 알리는 매화가 피고, 흰 목련의 단아한 자태가 푸른 솔과 더욱 잘 어울린다. 개나리, 진달래, 벚꽃도 다투어 핀다. 진달래꽃이 필 무렵에는 온 산이 붉게 물들고 전국에서 많은 등산객이 모인다. 이때를 맞추어 산에는 시市가 주최하는 진달래축제가 열린다. 유명 가수가 초청되고 많은 시민들의 행렬이 울긋불긋 산을 수놓는다. 이곳에서 교직생활을 할 때 학생들을 인솔하고 축제 백일장에 참가했던 기억을 떠올려 본다.

꽃들이 지고 나면 나무에는 연두색 잎들이 돋아난다. 산속에는 신록의 계절이 찾아온다. 어린아이의 살결같이 보드랍고 싱싱한 연두색의 물결이 온 산으로 퍼져 나간다. 이양하의 수필 〈신록예찬〉을 떠올리게 하는 계절이다.

여름철의 등산로는 수풀이 너무 우거져서 걸어가기조차 힘들다. 여름은 참으로 위대한 계절이다. 자연이 젊음을 과시하는 계절이다. 검푸른 나뭇잎들 사이로 귀에 따갑게 매미들이 울어댄다.

무성한 여름을 차분히 정리하듯 산에 가을이 서서히 찾아온다. 서늘한 바람이 불고 기세를 떨치던 더위도 한풀 꺾인다. 나무들이 하나둘씩 노랗게 빨갛게 물들고 등산로에는 낙엽이 쌓인다. 떡갈나무, 참나무, 단풍나무, 온갖 나무의 낙엽이 수북이 쌓인 등산로는 융단을 깐 듯 푸근하고 부드러워진다.

산에서는 많은 사람들을 만난다. 정상을 향하여 땀 흘리며 오르는 사람들, 뿌듯한 기분으로 하산하는 사람들, 나무 그늘에서 땀을 식히며 정답게 이야기꽃을 피우는 사람들, 모두 건강미가 넘쳐 보인다. 나는 산길을 걸으면서 묘비를 통해 죽은 이도 만난다. 묘비를 유심히 본다. '··휘諱○○지묘之墓' 라고 적힌 망자의 이름을 본다. '휘' 자는 죽은 사람 이름 앞에 붙인다. 옛사람들은 돌아가신 분과 산 사람이 구별되도록 이름 앞에 '휘' 자를 붙인 모양이다. 자주 보는 묘비에서 망자의 이름을 보며 그간의 안부를 속으로 물어본다.

한참을 걸어서 산사山寺에 이르렀다. 사람들이 부처님께 공손히 합장하며 소원을 빈다. 나는 산사 앞 바위에 자리를 잡고 앉는다. 이따금씩 이곳을 지날 때 범종 소리가 울려 퍼지기 때문에 오늘도 그 종소리를 기다려 본다. 지난 일 년간 이 절의 신도들이 백일기도를 드리며 정성을 모아 만든 종이다. 올해 부처님 오신 날에 타종식을 가진 무게 800관의 범종이다. 범종이란 사찰에서 사람을 모이게 하거나 시각을 알리기 위해서 치는 큰 종이라고 한다. 뎅－하고 웅장한 소리가 울린다. 그 메아리는 이 산골짜기를 지나 앞에 내려다보이는 아파트가 숲을 이룬 동네까지 울려 퍼진다.

세상은 온갖 욕심과 미움과 시기와 질투로 얼룩진 범죄가 찌들어 있는 곳이라고들 한다. 범종의 메아리는 인간의 이런 죄와 번뇌를 용서해주고 쓰다듬어 주는듯하다.

가톨릭에서는 아침, 낮, 저녁에 세 번 치는 종소리를 듣고 기도하는 삼종기도가 있다. 천사 가브리엘이 성모 마리아께 알려준 강생의 신비를 기념하기 위하여 바치는 기도라고 한다. 프랑스의 화가 밀레가 그린 〈만종〉 속의 두 부부의 기도는 이 삼종기도 중의 저녁기도를 연상하게 한다. 노동과 경건, 근면과 평화, 축복의 단어들을 떠올린다고 한다.

오늘도 나는 산에 오른다. 산사의 그 범종 소리가 다시 울리기를 기다리며, 나와 모든 사람들의 가슴속에 참회와 용서와 사랑의 마음이 우러나기를 기대해 본다.

원효로 3가 1번지

서울시 용산구 원효로 3가 1번지. 옛 국립체신고등학교의 주소다.

지금은 정보통신부 산하의 전파연구소가 있는 자리다. 55년 전 어린 중학생이었던 나는 어려운 가정 형편 때문에 국립인 체신고등학교에 진학하게 되었다. 고등학교에 특별한 장학제도가 없었던 그 당시 국비로 교육시키는 학교였고, 졸업 후 취직이 보장되는 전국 단위의 특차모집 학교여서 합격하기도 어려웠다. 이 학교의 진학으로 내 삶의 방향에 많은 변화를 가져온 것 같다.

얼마 전에 나는 막내딸과 함께 53년 만에 이 학교를 찾아보았다. 이미 46년 전에 9회 졸업생을 끝으로 폐교를 하고 그 자리에 '국립체신고등학교 배움터' 라는 비석이 세워져 있었다. 전파연구소의 건물이 새로 들어서 있었으나 언덕 위의 푸른 숲 속에 쌓여 있던 학교 건물, 기숙사, 식당 등의 지난날의 위치는 완연했고, 운동장 모습은 그대로였다. 가곡 〈바위고개〉의 이흥렬 선생이 작곡했고 우리들이 애창했던 교가가 불현듯 떠올랐다.

높은 언덕 숲 속에 우뚝 솟아서. 바라보니 서울은 그리운 수도.
푸–른 산 구름 따라 한강 흐르니. 슬기롭다 배움의 집 모교의 터전.
아– 체신학교 체신학교 영원한 모교. 우리들은 조국과 세계의 일–꾼.

칠십 평생의 삶을 통해서 많은 곳으로 주소를 옮겼다. 그러나 일생을 통하여 나의 뇌리에 뚜렷이 남아 있는 주소. 그것이 '원효로 3가 1번지' 이다. 왜 그럴까? 나는 가끔씩 생각해 본다. 입학한 해가 1955년이고 6 · 25전쟁이 끝난 후 서울로 환도를 한 지 얼마 되지 않아 요즈음처럼 살기 좋은 세상이 아니어서 그때의 서울생활, 더구나 학교의 기숙사 생활은 나에게 매우 힘든 삶이었다. 겨울철 기숙사에서는 난방은 생각할 수도 없었고 일본식 다다미방에 이불을 덮고 지내야 했으니 추운 겨울 지내기가 얼마나 고생스러웠을까? 지금도 그 추웠던 기억이 떠오른다. 부산 집에서 서울까지의 유일한 대중교통 수단은 완행열차였다. 지금도 흘러간 옛 노래에 등장하는 '서울 가는 십이열차' 를 타고 방학 때 서울 부산을 왕복

하였다. 기차 제일 뒤칸에서 그 당시 서울 환도에 따라 많은 사람들이 애창했던 '이별의 부산정거장'을 친구들과 더불어 목이 터져라 불렀던 기억이 생생하다. 오후 4시경에 부산역에서 기차를 타면 다음 날 새벽 4시경에 용산역에 닿는다. 요사이는 KTX로 2시간 50분 정도면 서울에서 부산에 갈 수 있지만 그때는 12시간이 걸린 셈이다.

지금은 원효대교가 놓인 한강변이지만 그때는 강가에 모래사장이 있어서 때로는 강가에 나가 놀기도 했다. 건너편에는 여의도가 보이고, 아래쪽에는 전쟁으로 끊어졌다가 다시 이어진 한강철교 위로 증기를 내뿜으며 기적을 울리고 기차가 달렸다. 시내의 유일한 교통수단은 전차였다. 원효로 3가 근처가 전차 종점이었고 거기서 효자동 쪽으로도 가고 동대문 쪽으로도 갔다. 동대문운동장에 경기가 있으면 전차를 타고 구경을 갔다. 때로는 운동장에서 원효로 까지 걸어왔던 일도 있었다. 기숙사에서 나와 하숙이나 자취를 할 수도 있어서 한때 마포구 공덕동에서 부산 출신 선배 2명과 함께 자취를 한 일도 있었다. 남학생끼리의 자취생활이었으니 그 생활도 얼마나 어설펐을까? 공덕동에서 학교까지의 교통수단은 기차였다. 서울역에서 당인리 발전소 쪽으로 가는 기차로 통학을 했다. 지금은 그런 노선이 지하철로 변했으리라고 생각된다.

너무나 고생스러운 생활이었고 대학에 진학하고 싶은 마음에서 2학년을 마치고 이곳 고향으로 내려와 고등학교를 졸업했다.

지금은 서울에 사는 아이들 집에 갈 일도 많아서 서울이 낯설지

바다노을 9-1, 2011, 디지털페인팅, 154cm×60cm

가 않다. 체신학교에 다니던 그때를 생각하면 서울에 대한 애틋한 정이 느껴진다. 아이 집이 용산구 동부이촌동이기 때문에 원효로는 한동네와 마찬가지다. 지척에 있는, 학교가 있었던 잊지 못할 곳을, 마음속으로는 가본다 하면서도 53년이나 미루어 온 셈일까? 내가 그 학교를 졸업하고 체신부 쪽으로 취직을 했더라면 지금 나의 삶과 다른 환경이 전개되었을 것이다. 생각하면 사람에게는 정해진 운명이라는 것이 있어서 그것에 따라 삶의 방향이 결정되는 것 같다. 삶의 진로가 바뀐 나는 사범대학을 졸업하고 40여 년간 학생을 가르치며 살았다. 살아온 한평생을 되돌아보면 학교 진학 때문에 나의 삶과 꿈이 여러 번 변했고 많은 후회도 따랐다. 지금은 능력만 있으면 가난해도 공부할 수 있는 세상이기 때문에 돈 문제에 우선하여 학생의 장래를 먼저 생각해야 된다고 주장하고 싶다.

교직생활 중 교육연구원에서 학생진로 담당 연구사로 있을 때 학부모 교육을 통하여 학생의 진로문제에서 부모나 교사의 지도나 조언이 얼마나 중요한지를 이해시키려고 노력했던 시절도 있었다.

지금도 누군가가 학생의 진로문제로 고민하면 나의 경우를 이야기해 주고 진지하게 상담자의 역할을 하고 싶다.

거가대교 나들이
巨加大橋

영하 5도의 추운 날씨다. 이곳 노인회에서 일 년에 한번 실시하는 야외나들이 날이다. 거가대교 개통에 맞추어 오늘로 날이 잡혔다. 이틀 전에 거가대교가 개통되어 하루 6만여 대의 차량이 통행했다는 보도에 대혼잡이 예상되었지만, 이외로 별 혼잡 없이 다녀왔다. 하루 다녀온 코스는 진해 용원에서 부산신항이 보이는 가덕도 쪽의 거가대교 해저터널에 진입하여 두 개의 사장교를 거쳐 대교를 통과한 후 거제에서 김영삼 대통령 기록전시관을 보고 다시 대교를 지나 부산 해운대를 돌아서 창원으로 오는 길이다.

거가대교는 참으로 거대한 공사였다. 그중에서도 '가덕해저터널'로 이름 지어진 침매터널 공사는 놀라운 대역사大役事였다.

터널은 길이 180m, 폭 26.5m, 높이 9.97m짜리 침매함체 18개로 이루어져 있다고 한다. 육상에서 제작한 콘크리트 박스 구조물(침매함체)을 부력을 이용해 운반한 뒤 물속에 빠트려 '지나 조인트'라는 특수 접합 기구를 이용해 연결했다고 한다. 터널의 전체 길이는 3.7km로 전 세계의 침매터널 가운데 가장 길다고 한다. 최대 수심은 48m로 전 세계 침매터널 가운데 가장 깊은 곳에 시공되었다고 한다. 또 놀라운 일은 이 깊은 바닷속의 터널에서 휴대폰 전화가 터진다는 사실이다. 위급한 상황이 발생했을 때 구조요청에 문제가 없다고 한다. 침매터널을 빠져나오면 대죽도-중죽도-저도-거제도를 잇는 사장교 구간이 눈앞에 펼쳐진다. 사장교의 주탑은 국내 현존의 H자 모양의 직선형형태와 달리 곡선형의 다이아몬드 형태라고 하며, 저도-거제도 구간은 국내 최초로 3개의 주탑이 설치되었다고 한다. 사장교 위에서 바라보는 푸른 바다와 아름다운 섬들로 어우러진 한려수도의 빼어난 절경은 보는 이로 하여금 탄성을 자아내게 한다.

나는 이런 대공사를 성공적으로 완성한 우리 민족의 우수성을 다시 한 번 생각해보았다. 전쟁으로 폐허가 되었던 이 땅 위에서 이런 거대한 공사를 해낸 인재를 기른 부모들을 생각해 보았다. 자신은 못 먹고 못 입어도 자식을 유학시키고 공부시켰던 어려운 삶을 감당했던 부모들을 생각해 보았다.

최근 우리나라는 세계적인 자랑거리가 4가지 있다고 한다.

인천국제공항과 부산신항과 가덕해저터널과 좀 우스운 이야기지만 한국 아줌마의 힘이라고 한다. 마지막의 한국 아줌마의 힘은 다시 한 번 생각해 볼 문제다. 지금 우리나라는 지나친 사교육비 때문에 부모들은 허리가 휘어지고, 여기에다 인구 감소라는 심각한 상황에까지 이른 것 같다. 우리 사회에는 각 분야에 필요한 인재들이 많이 있다. 다 고생하며 교육시킨 부모들의, 아줌마들의 희생적인 노력의 덕택이다. 매일같이 국민을 걱정하게 하고 눈살을 찌푸리게 하는 정치인들이 다툼을 중지하고, 좀 더 낳은 방향으로 교육제도를 개선하고, 사교육비가 줄여진다면 한국의 아줌마의 이 극성스런 교육열은 국가의 장래에 커다란 플러스 요인이 될 수 있을 것이다. 대교를 지나 김영삼 대통령 기록전시관을 둘러보았다. 안내 책자에 적혀 있는 대도무문大道無門이라는 글자가 눈에 띄었다. 그 말처럼 지도자들이 좀 더 당당하게 깨끗하게 살았더라면 요사이 계속 보도되는 부정부패 사건들은 일어나지 않았을 것이다.

차가 해운대 동백섬에 닿았다. 조깅 코스를 따라 섬을 한 바퀴 돌았다. 겨울철에도 수목이 울창한 상쾌한 산책 코스다. 동백섬이라지만 요사이는 동백은 몇 포기만 보인다. 노무현 대통령 시절 에이팩APEC이 열렸던 누리마루를 둘러보았다. '세월은 유수流水와 같고 인걸人傑은 간데없다' 는 옛말이 떠올랐다. 밀려드는 파도 소리, 상쾌한 바다 내음새, 광안대교와 해운대 백사장과 멀리 보이는 오륙도 다섯 여섯 섬과, 해안가를 가로막아 서 있는 거대한 빌딩 숲. 해운대는 가히 부산의 관광 명소인 것 같다. 그 빌딩 숲 속에는 언론에 떠들썩했던 '해운대 고층건물 화재사건' 의 그 건물이 아직도 거멓게 그을린 채로 남아 있어 보는 이에게 안타까움과 경각심을 불러일으킨다.

차는 달려서 부산의 동서고가도로를 거쳐 진영휴게소를 지난다. 차 안에서 노익장을 과시하는 회원들의 신나는 노랫소리가 끊이지 않는다.

오월의 여행

신록의 계절 오월이 오면 여행을 가기로 약속한 모임이 있다. 동서 내외들과의 여행이다. 나에게는 두 명의 처남과 네 명의 처제가 있다. 아내는 처가에서 제일 맏이다. 세 명의 처제들이 나이가 들어가고 살면서 생활의 여유가 좀 생기자, 해마다 한 번씩 부부끼리 2박 3일의 국내여행을 하자고 제안해 왔다. 승합차를 대절하여 동서들이 운전을 하며 원하는 곳을 돌아오는 것이 이제는 연례행사가 되었다. 첫해는 제주도로, 다음 해는 강원도로, 삼 년째는 호남의 서남쪽 완도를 거쳐 청산도로 가보았다. 올해는 서울 지역으로 가기로 했다.

지난 삼 년간 세 번의 여행 기억은 시간이 흘러 거의 잊었지만 몇몇의 뚜렷한 일들만은 머리를 스쳐간다.

제주도에서 성산일출봉에 갔다. 거기에서 중학교에 같이 다녔던 시인 김민부가 생각났다. 김민부 시인과 나는 중학교 1학년 때 같은 반이었다. 그때는 6 · 25전쟁 중의 부산 피난시절이었고, 소설 갯마을의 저자인 오영수 선생님이 우리 반 국어를 가르치셨다. 김민부는 부산고등학교 2학년 때 동아일보 신춘문예에 시조 〈석류石榴〉로 입선하였다. 그러나 문학의 꿈을 활짝 꽃피우기도 전에 서른한 살의 나이로 요절하였지만, 사람들은 그를 시의 천기天機를 누설한 천재시인이라 불렀다. 그의 시 〈기다리는 마음〉을 떠올려본다.

> 일출봉에 해 뜨거든 날 불러 주오/ 월출봉에 달 뜨거든 날 불러 주오/ 기다려도 기다려도 님 오지 않고/ 빨래 소리 물레 소리에 눈물 흘렸네.

가파른 계단을 따라 힘겹게 분화구가 보이는 일출봉 정상에 올랐다. 예전에는 분화구 안에서 농사를 짓기도 했다고 하지만 지금은 온통 갈대뿐이다. 일출봉은 원래 제주도 본섬과 연결되어 있던 것은 아니나 바다에 모래톱이 자라 이어졌다고 한다.

강원도 여행에서의 추억은 단종애사가 깃든 영월의 청령포의 기억을 잊을 수가 없다. 청령포는 사방이 강으로 막혀 외부와 단절된 천애의 유배지다. 청령포에는 단종이 아침저녁으로 올라 생이별한 왕비를 그리며 한양 쪽을 바라보았다던 노산대가 있고, 청령포를 느릿느릿 감돌아 동강과 합쳐 남한강을 이루는 서강의 물줄기가 흐른다. 금부도사 왕방연이 열일곱 살 단종에게 사약을 진어進御하고 한양으로 돌아가는 길에 비통한 심정을 가눌 길 없어 청령포를 바라보며 읊었다는

> 천만리 머나먼 길에 고운 님 여의옵고/이 마음 둘 데 없어 냇가에 앉았으니/ 저 물도 내안(내 마음) 같아야 울어 밤길 예놋다(밤길을 가는구나)

이 시조가 가슴을 저민다.

청산도는 완도에서 배로 45분쯤 가면 닿는 섬이다. 영화 서편제의 촬영지가 있고, 아시아 최초 슬로시티로 지정된 자연이 빚어낸 한 폭의 그림 같은 섬이다. 슬로시티는 슬로시티국제연맹이 직접 심사하여 선정한다고 하는데, 심사조건이 까다롭고 특히 5개 핵심 항목이 집중적으로 검토된다고 한다. 인구가 5만 이하의 지역이어야 하고, 자연생태계가 철저히 보호되어야 하며, 지역주민이 전통문화에 대한 자부심을 갖고 있어야 하고, 유기농법에 의한 지역특산물도 있어야 하고, 대형마트나 패스푸드점도 없어야 한다고 한다. 우리나라는 아시아에서 유일하게 슬로시티를 다섯 곳이나 보유하고 있으며 관광대국을 자처하는 일본은 한곳도 없다고 한다. 다섯 항목 중 특히 청산도는 자연생태계에 대한 보호가 잘 되어 있다고 느꼈다. 우리는 서편제에서 주인공들이 노래하며 걸었던 그

바다노을 15, 2011, 디지털페인팅, 154cm×60cm

길을 걸어보았다.

서울에서는, 근세에 와서 민족이 수난을 겪었던 기록을 간직한 서대문 독립공원이 감명 깊었다. 1992년에 공원이 문을 연 후에 거기에는 옛 서대문 형무소와 서대문 형무소 역사관과 독립문과 순국선열 추념관 등이 있다. 맑은 공기와 우거진 숲과 아름다운 꽃들이 어울려진 곳이다.

사적 32호인 독립문이 자리 잡고 있다. 원래 종로구 교북동에 있던 것을 이전 복원한 것으로, 독립협회가 한국의 영구독립을 선언하기 위해 전 국민을 상대로 모금운동을 하여 세웠다고 한다. 서대문 형무소는 17살의 나이에 순국한 유관순을 비롯한 많은 순국선열들이 옥고를 치렀던 곳이다.

또 독립공원 구내에는 이진아 기념도서관이 있다. 외국에서 공부하던 이진아 씨가 불의의 교통사고로 목숨을 잃게 되자, 부모가 50억 원을 서울시에 건립기금으로 기부하여 도서관을 지었다고 한다. 친근감과 따뜻한 느낌을 주는 아담한 도서관이다. 국내 기부문화에 좋은 선례를 남겼다.

내려오는 도중 충북 청원의 청남대에 들렀다. 맑은 호수 대청호를 끼고 숲길을 달려 청남대에 이르렀다. 대통령의 별장에 걸맞게 빼어난 경관과 청정함을 자랑하며 아름답고 아늑하게 꾸며진 곳이다. 청남대는 2003년 노무현 대통령 때 관리운영권이 충청북도로 이관되었다. 입구에 돌을 모아 쌓은 방사탑이 있다. 충청도민이 대청호와 청남대를 주민에게 돌려준 고마움의 표시로 마을 돌을 하나하나 가져와서 쌓은 탑이라 한다. 한 사람의 결단으로 많은 국민들이 찾아와 함께 즐길 수 있으니 그 결단은 역사에 남을 만한 일이라고 생각된다. 맑고 푸른 계절 오월에 청남대 숲 속의 산뜻한 공기는 여행의 피로를 말끔히 씻어주는 것 같다.

차는 남으로 달려 드디어 창원에 닿았다. 아파트 곳곳에 갓 피어난 5월의 붉은 장미 송이들이 반갑게 맞아준다. 팔십 중반을 넘어선 장모님을 모시고 다녀온 여행에 뿌듯한 보람을 느끼면서 감사의 기도를 드린다.

호접란
胡蝶蘭

오월 어느 날 베란다 화분에서 키우던 호접란 두 화분에서 꽃대가 나왔다. "호접란에서 꽃대가 올라와요!" 아내의 반가워하는 목소리가 들려온다. 우리 집에서는 겨울철이 다가오면 호접란 화분을 한 개씩 샀다. 꽃이 지고 잎이 건강한 화분이 몇 개 모였다. 겨울철에는 별다른 꽃도 없는데다가 화사한 진홍빛의 호접란은 집안 분위기를 한결 밝게 해준다. 호접란은 꽃모양이 나비를 닮았다고 해서 붙여진 이름이다. 꽃 색깔은 30여 종이 있다고 하지만 흔히 볼 수 있는 것은 분홍색과 흰색과 노란색이다. 원래 늦겨울에서 봄에 걸쳐 꽃이 핀다고 하지만 계절에 구애 없이 일년 내 적당한 환경만 조성되면 꽃이 피는 모양이다. 꽃이 핀 화분을 사다놓으면 두 달이 넘게 그 아름다운 꽃모양을 볼 수 있다. 호접란의 꽃말은

'행복이 날아온다.' 라고 한다. 우리 주위에 있는 품종 중에서 진홍빛의 '만천홍' 이라 이름 지어진 호접란은 색깔이 화사하고 '행운이 찾아온다.' 는 꽃말 때문에 가장 인기가 있는 품종이라고 한다. 호접란은 꽃이 한번 피면 오랫동안 그 아름답고 화사한 모양을 유지하지만 꽃이 지고 나면 다시 꽃을 피우기가 어렵다. 그런데 올해는 집에 있는 두 개의 화분에서 키운 호접란에서 꽃대가 올라와 아름다운 진홍빛의 꽃을 다시 보여주니 반가워서 아침저녁으로 그 모습을 쳐다보곤 한다. 올해는 우리 집에도 좋은 일이 있을 것을 기대해 본다.

봄철이 되면 매화 목련화 개나리 진달래 벚꽃 등 많은 꽃들이 피고 지고, 많은 사람들이 모여들지만 얼마 가지 못해서 시들어 떨어지고 우리의 기억에서 사라진다.

인생도 저런 모습일까? 한때 대단하게 명성을 떨치던 사람들도 어느 틈엔지 대중은 그 이름조차 잊어버린다. 그러나 세상을 하직해도 사람들이 유난히 그를 기억해 주는 사람들도 있다.

아프리카의 슈바이처라고 불리어지는 이태석 신부님! 그 이름을 들을 때마다 숙연해지고 남을 위해 자신을 희생했던 그의 일생을 떠올려 본다.

내가 호접란을 좋아하는 이유 중의 하나는 그 고운 자태 때문만이 아니다. 고운 자태를 오래오래 한결같이 유지하는 그 지조(?) 때문이다. 며칠 전 신문에 어느 대학의 총장을 지낸 한 독립운동가가 90을 넘어 사시다가 세상을 하직했다고 하는데, 역대 정권으로부터 숱한 고위 공직을 제의받았지만 끝내 사양하고 한 사람의 학자로서 일생을 마쳤다고 한다. 지조를 지키며 다른 사람의 존경의 대상이 될 수 있게 살다가 세상을 하직하기는 우리 평범한 사람으로서는 어려운 일일 것이다.

남은 생을 어떻게 살 것인가? 나이 든 사람들이 한번쯤 생각해 보는 문제일 것이다. 나는 어떻게 살 것인가? 자식이나 이웃에게 걱정을 안 끼치고 조그마한 도움이라도 주면서 살고 싶다.

그런 생각을 실천하기 위해서 이번 주일도 나는 병원봉사를 하러 나간다. 퇴직 후 10여 년간 계속한 일이다. 이제 칠십이 넘었으면 그만둘 나이도 되었지만, 그래도 이만큼의 건강이라도 유지되니까 나보다 더 어렵고 아픈 병자들에게 작은 도움이 되기를 바라며 이 주에도 나는 병원을 찾아간다. 나도 이제 호접란의 지조를 실현해 보고 싶다.

당항포의 제자들

당항포唐項浦! 지금의 경남 고성 배둔의 옛 지명이다.

국사시간에 배웠던 임진왜란 당항포 해전이 떠오르는 곳이다. 이순신 장군이 당항포의 특수한 지형을 이용하여 왜선 26척을 격파시키고 이어서 30여 척을 침몰시켜 전쟁을 승리로 이끈 곳이다.

지금으로부터 46년 전 서른 살의 나이에 그곳의 고등학교에 근무한 일이 있었다. 그 학교는 고성 출신 재일교포가 세운 학교로서 나는 그 학교에서 수학을 가르치면서 1회 인문과 졸업반의 담임을 맡게 되었다. 갓 결혼하여 그곳에서 신혼생활을 시작한 때였다. 대입수학을 맡으면서 그때는 열심히 연구하고 열심히 가르쳤다. 그 학교는 이미 오래전에 완전한 인문계 고등학교로 전환되었지만 그때는 인문과와 농업토목과와 가정과의 3과가 있었고 2명의 수학교사가 전 학년 9학급의 수학을 가르쳤다. 그 후 나는 공립으로 자리를 옮겨 11학교를 거쳤고, 교직에서 물러 나온 지도 벌써 12년이 되었다.

그동안 많은 제자들을 만났지만 당항포 그 학교에서 가르쳤던 제자들은 모두 60대 중반의 나이에 이르렀다.

내가 가르쳤던 그 학교 제자 중 공직에서 근무하던 제자들은 거의 퇴직을 하고, 사업을 하는 몇몇의 제자만이 아직도 직업을 가지고 있다. 그중 고향의 군 행정을 맡아 3번째 군수직을 수행하고 있고, 고성공룡엑스포 행사를 당항포인 배둔에서 연달아 성공적으로 이끌고 있는 청렴하기로 소문난 제자를 생각하면 자랑스럽다. 또 한의사로 평생 나의 건강을 돌보아 주는 고마운 제자도 있다.

서울에는 여학생이 중심이 된 이 학교 졸업생 모임이 있다. 얼마 전에 그 제자들을 만났다. 굽이쳐 흐르는 한강이 보이는 식당에서 옛이야기들을 하면서 즐겁게 떠들어 댔다. 그때는 새파란 총각 같은 선생님이었고 갓 결혼한 새색시 사모님이 가끔 점심 도시락을 학교에까지 가져왔다는 이야기를 하여 까맣게 잊었던 옛일이 생각났다. 그곳에서 태어난 첫아이가 이미 중년의 여 교수가 되었고 고등학생 아들을 두고 있으니, 세월이 너무나 빨리 흘러 사람은 이 세상에 잠간 왔다가 간다는 사실을 실감케 한다.

고향에 성묘를 갈 때는 그 학교 앞을 지나간다. 항상 옛 추억과 그리움에 젖어 그 앞을 지났지만 한번은 학교를 찾아갔다. 가르쳤던 제자가 교장이 되어 반갑게 맞아 주었고, 학교 경영상의 어려움을 이야기해 주어서 당면한 우리 교육의 문제점을 함께 걱정해 보았다.

그 학교에서 근무하던 동료 교사와의 모임이 있다. 상당수의 회원이 세상을 떠났고 이제 5명만이 남아 모임을 겨우 유지하고 있다. 이렇게 늙은 나이에도 나는 그 회의 총무를 맡고 있다. 이번 7월 모임에는 부부끼리 5쌍의 회원이 모이기로 했다. 마산 구산면 바닷가 쪽에 제자가 운영하는 식당에서 맛있는 점심을 먹고, 그쪽의 콰이강의 다리에도 가보고, 아름다운 바닷길 드라이브도 해보기로 했다.

그날 동료와 제자를 만나 즐거운 하루를 보낼 것을 생각하며 잠시 행복에 젖어본다.

가정의 세 여인

'집안이 잘되려면 집안에 세 여인이 잘 들어와야 한다.'는 옛말이 있다. 세 여인이란 어머니와 처와 며느리를 뜻한다고 한다. 본관이 고성固城인 옛 소가야의 후예로 52대째를 이어오는 우리 집안의 세 여인에 대해서 한번 생각해 본다.

먼저 어머님에 대한 생각이다. 어머님은 우리 집안의 커다란 대들보셨다. 지금의 우리 집안을 이어오게 하시고 나를 이 나이까지 살도록 터전을 마련해 주신 분이다. 가정에 별로 성실치 못한 아버지를 대신해서 평생을 고생하시며 자식들을 키우시고 나를 공부시켜 노후에 큰 걱정 없이 살게 하신 분이시다. 그런 어머님을 나는 왜 노후에 편히 모시지 못하고 이렇게 어머님을 생각할 때마다 후회하는 마음이 드는가? 오늘도 나는 서재에 걸려 있는 어머님의

바다노을 11-1, 2011, 디지털페인팅, 154cm×60cm

사진을 보며 안타까운 마음을 갖는다. 지혜로우신 어머니, 우리의 어린 시절에는 모두가 고생하며 살던 시대였다. 그 시대에 어머님은 자신의 피나는 노력으로 자식들을 배고프지 않게 먹이시고, 나에게 천주교를 믿게 한 신앙을 남겨주셨다. 자식을 위해 평생을 기도하시고 남에게는 베풀기에 앞장서서 생전에 어머님을 아는 주위의 신자들은 늘 어머님 말씀을 하신다.

처 세실리아(천주교 세례명)는 빠듯한 공무원 봉급으로 아이 셋을 서울에 있는 대학에 공부시키고 고생하며 살아온 사람이다. 나와 결혼한 이후부터 교회에 입문하였지만 현재의 신앙심은 나를 훨씬 능가한다. 10년이 넘은 세월을 병원과 적십자활동에 봉사하며 살아왔다. 취미를 살려 고전무용을 익혀 지금도 양로원과 어려운 이웃을 돕는 위문활동에 바쁜 하루를 보낸다. 항상 남을 먼저 생각하는 사고방식은 나에게 큰 영향을 끼친다. 세실리아가 남과 화합하고 남에게 베풀기를 좋아하는 성품은 장모님과 어머님의 삶에서 커다란 영향을 받은 것 같다. 장모님도 항상 남에게 베푸시는데 앞장서시는 분이시다.

며느리는 외국에서 공부를 마치고 좋은 직장을 가졌으나 이를 마다하고 손자 손녀를 잘 키우고 있으니 고맙다. 성품이 온순하고 검소하고 남과 잘 화합하고 시집의 형제간에도 원만히 잘 지낸다. 서울 강남의 그 별난 교육환경 속에서도 굳건하게 주관을 가지고 아이를 교육시킨다. 부모가 경제적으로 도움을 주지 못하고, 서울의 강남에 살아야 하는 여건이고, 비싼 집값 때문에 전셋집으로 이사를 하며 살고 있다. 아들이 미국의 의과대학에 유학하던 시절 빠듯한 유학 경비에 얼마나 쪼들리며 살았을까? 유학을 마치고 귀국 후 손자가 하던 말이 생각난다. 자라서 무엇이 되겠느냐고 내가 물었을 때 '부자가 되고 싶다' 고 했다. 잘사는 미국사회에서 자기 가족의 사는 모습과 비교할 때 그런 생각이 들지 않았을까 하는 생각이 들었다. 며느리 승연이는 우리에게 자주 전화를 하여 안부를 묻고 소식을 전해주어서 우리는 손자 손녀가 커가는 모습을 듣고 마음의 기쁨과 위안을 삼는다.

어머님, 처 세실리아, 며느리는 우리 가정이 버티어 오고 우리 가정을 이끌어 가는 커다란 대들보이다.

우리 가족은 지난해부터 양력설을 지내기로 결정하였다. 신정에는 결혼한 딸 내외의 가족까지 함께 모여 명절을 지낸다. 모두가 가톨릭 신자들인 온 가족이 모여 조상께 연도를 드리고 신정미사에 참례한다. 항상 가족 간의 화합을 강조하는 나는 거실에 걸려 있는 서경보徐京保 스님이 쓰신 '화기만당和氣滿堂(화목한 기운이 가득하다)' 이라는 글귀의 뜻을 환기시킨다.

우리 가정의 대들보는 우리 집안의 전통을 이어오고, 이어갈 세 여인이다. 나에게 이런 세 여인과의 인연이 맺어진 것에 대하여 항상 감사하는 마음을 가진다.

스포츠센터의 사계四季

요즘 우리 주위에는 장수長壽하는 사람들이 늘어난다. 이렇게 사람들이 오래 사는 원인은 여러 가지가 있겠지만 그중에서 많은 사람들이 매일같이 운동을 열심히 하는 것도 커다란 원인 중의 하나일 것이다. 어느 의대 교수의 강의에 의하면 운동은 암 예방에 10%의 효과가 있다고 한다. 우리나라에는 주민들이 운동할 수 있는 시설이 곳곳에 많이 갖추어져 있고 , 스포츠센터라 하여 큰 규모의 시설들도 있다.

우리 동네에도 주민들의 건강을 위한 스포츠센터가 있다.과거 고등학교 교정을 이용하여 꾸민 시설이다. 운동장에는 350m의 4라인의 걷기 달리기 트랙과 게이트볼장, 테니스장, 족구장, 농구장, 발마사지 걷기코스, 야외헬스장 시설이 갖추어져 있다. 운동장 동편에는 학교에서 강당으로 사용하던 3층 건물이 리모델링되어 넓은 강당과 배드민턴장, 헬스장, 댄스스포츠, 고전무용등 각종 스포츠 시설과 문화 강좌를 위한 교실과 컴퓨터교실, 도서관이 있다.

운동장 주변에는 과거 학교 교정에 있던 수목들이 그대로 서 있다. 목련, 벚꽃나무, 향나무, 진달래, 등나무가 아름다운 꽃들을 피우며 사람들을 즐겁게 해준다.

봄은 자연의 신비함과 오묘함을 인간으로 하여금 깨닫게 하는 계절이다. 목련이 그 단아한 모습을 선보인다. 향나무의 푸른 잎과 어울려 그 자태가 더욱 우아하다. 목련이 떨어져 아쉬움을 느낄 무렵 벚꽃이 핀다. 진해 군항제 소식이 들려오는 3월 말에서 4월 초순에 운동장가의 벚꽃이 화사하게 피어난다. 많은 사람들이 활짝 핀 벚꽃의 아름다움에 취하고, 떨어지며 휘날리는 꽃잎을 맞고 걸으며 행복한 마음에 젖어든다. 벚꽃 때문에 운동장 트랙의 조깅코스는 봄철에 세 번의 꽃단장을 한다. 벚꽃이 질 무렵 꽃잎이 떨어져 휘날리며 운동장 조깅코스를 뒤덮는다. 꽃잎이 떨어지고 나면 꽃잎을 싸고 있던 꽃술이 떨어져서 꽃잎이 떨어진 위를 덮는다. 그리고 나면 벚꽃의 열매인 버찌가 또 조깅코스 위에 가득히 떨어진다. 어릴 때 버찌를 따 먹어 입술이 검붉은 색깔로 물들었던 기억이 떠오른다. 요즈음은 아무도 그 버찌를 따먹지 않는다. 운동장 북쪽에는 인공적으로 만든 바위언덕에 심어진 온갖 종류의 진달래

꽃이 화려하게 피고, 진달래가 지면 철쭉이 고운 자태를 드러낸다. 봄꽃들이 지고 갓 태어난 어린아이 같은 신록의 계절이 잠시 지나간다.

차차 날씨가 더워지고 매미 소리가 시끄러운 여름철이 찾아온다. 싱싱한 벚나무, 목련과 등나무가 검푸른 건강미를 자랑한다. 나무숲 그늘을 지나며, 이따금 부는 시원한 바람에 땀을 식히며 사람들은 열심히 걷는다.

벚나무는 가을을 제일 먼저 알리며, 고운 색깔로 물들인 잎들을 한잎 두잎 조깅코스에 떨어뜨린다. 그 고운 잎을 밟으며 사람들은 열심히 걷고 또 걷는다. 가을이 되면 조깅코스의 낙엽들은 빨리 치워지지 않는다. 일부러 오래 두어 낙엽을 밟는 정취를 즐기게 하는 것 같다.

불어오는 서늘한 바람에 사람들은 가을이 가고 있음을 깨닫고 얼마 지나면 추운겨울이 올 것을 몸으로 느낀다.

스포츠센터의 겨울은 지나간 계절들의 화려했던 기억을 떠올리고 다가올 봄을 기다리는 시기이다. 초겨울 저녁 운동장 트랙을 걸을 때 앙상한 벚나무 가지에 달이 걸려 있는 풍경은 한 폭의 동양화처럼 아름답다.

나는 오늘도 한 시간 정도 조깅코스를 따라 걷다가 야외헬스시설을 이용하여 근력운동을 한다. 그 덕분인지 당뇨수치가 조절되고 별다른 잔병치레는 하지 않는 편이다.

저녁운동을 마치고 집으로 돌아올 즈음에는 위쪽 산사에서 울려 퍼지는 은은한 범종 소리를 듣는다. 고통받는 중생으로 하여금 번뇌에서 벗어나 깨달음을 얻게 해주고, 지옥에 있는 중생까지도 부처의 도로써 고해에서 건져 극락세계로 인도한다는 그 범종 소리는 언제나 듣는 이의 심금을 울려준다.

오늘도 저녁운동을 마치고 뿌듯한 보람을 느끼며 범종 소리를 뒤로하고 집으로 향한다.

더위 속에 피는 꽃들

계절이 하지로 접어들었다. 올해는 여름이 너무 일찍 찾아와 낮에는 한여름같이 무더운 날씨가 계속된다. 이 더운 날씨에 우리 집에는 여러 종류의 꽃들이 피어나 싱싱한 기운을 내뿜어서 집안을 밝고 맑게 해준다. 베란다 쪽에는 '안스리움'과 '덴드롱' 꽃이 피어나고 아파트 입구에는 '리빙스턴데이지' 꽃이 아름답게 피었다.

퇴직 이후 아내와 같이 병원봉사를 해온 지가 올해로 꼭 10년이 되었다. 병원으로부터 두 사람이 10년 근속상을 받았다. 아들 내외가 축하의 뜻으로 화분 하나를 보내왔다. 안스리움 꽃 화분이다. 40cm가 넘는 커다란 흰색 화분에 싱싱한 푸른색의 잎과 빨간색의 꽃이 조화를 이루어 우리 내외의 마음을 기쁘게 해 준다. 평소 안스리움 꽃을 별 관심을 가지지 않고 보아왔지만 이번에 이 꽃을 좀 자세히 알게 되었다. 푸른색 잎과 조화를 이루는 부채꼴의 붉은색 꽃 덮개가 꽃잎처럼 보이며 그 위에 둥근 막대 모양의 기다란 흰색 꽃 이삭이 달려 있다. 꽃꽂이로 인기가 좋고 서양식 꽃 장식으로 많이 사용된다고 한다. 남아메리카와 콜롬비아가 원산지이고 하와이에서 많이 재배되어 '하와이꽃' 으로 많이 알려졌다고 한다. 원래 고온다습한 조건을 유지시켜야 잘 자란다는 꽃이지만 지난 12월에 우리 집에 온 후 추운 겨울을 잘 넘기고 무더운 6월을 맞으니까 제철을 만난 듯 싱싱하고 건강하게 자라고 있다. 꽃말은 '번뇌' '꾸미지 않는 아름다움' '사랑에 번민하는 마음' 이라고 하며 공기 정화 식물로 특히 암모니아 흡수를 잘해서 화장실 비치용으로 추천되고 있다고 한다.

덴드롱 꽃은 봉사하던 병원 수녀님한테서 얻어왔다. 꽃 화분을 통째로 얻어 온 것이 아니고 조그만 가지 하나를 가져왔다. 워낙 번식력이 강해서 가지를 모래에 꽂고 물을 주니까 잔발이 돋아나 자라기 시작했다. 이 꽃을 가꾼 지도 몇 년이 지났다. 이제는 튼튼하게 자라 해마다 고운 꽃이 핀다. 꽃이 앙증맞게 아담스럽고 예쁘다. 수녀님들 사이에는 이 꽃을 '그리스도의 눈물' 이라고 부른다고 한다. 흰색이 꽃받침이고 별모양의 붉은색이 꽃이다. 암술과 수술은 꽃잎 밖으로 길게 나와 있다. 흰색의 꽃받침이 9월쯤에는 보라색으로 변한다. 열대 서부아프리카와 중앙아메리카가 자생지라고 한다. 꽃말은 '행운' '우아한 여성' 이라고 한다. 행운을 선물하는 좋은 의미가 있기 때문에 집들이 선물로 좋은 꽃이라고 한다.

아파트 입구 조그만 화단에는 채송화처럼 보이는 연분홍색의 '리빙스턴데이지' 꽃이 제철을 만나 화사하게 피었다. 생명력이 강해서 조그만 줄기를 심어놓아도 잘 자란다. 이곳에 핀 꽃은 모두 줄기를 조금씩 잘라서 심은 것이다. 실외, 정원, 화단 같은 곳에서 자연적인 조건이 갖추어지면 잘 자란다고 한다. 해가 뜨면 피고, 해가 지면 지는 것이 해바라기 꽃을 닮았다. 햇볕을 좋아해 흐린 날이나 비 오는 날에는 꽃술을 닫고 있다. 꽃의 중심부는 흰색이며 가장자리는 흰색, 연분홍색, 오랜지색, 노란색의 다양한 종류가 있다. 아프리카 남부의 케이프타운이 원산지라고 하며 꽃말은 '희망' '평화' '겸손한 아름다움' '평등' '인내' 등의 온갖 좋은 덕목들이 포함되어 있다.

이렇게 고운 꽃이 피기까지는 아침저녁으로 물 주고 돌보아주는 아내의 노력과 정성이 숨어 있다. 꽃을 가꾸는 것은 생명을 사랑하는 일인 것 같다. 아내는 꽃에서 조그마한 줄기가 떨어지면 다시 심고, 꽃잎이 떨어지면 유리잔에 띄워서 잠시라도 살리려고 한다. 지상의 모든 생명체를 귀하게 여기는 '생명의 외경' 이라는 말이 생각난다. 무더운 6월에 피어나는 아름다운 꽃들을 바라보며 생각에 잠긴다.

| 제3부 |

새남터

바다노을 1, 2011, 디지털페인팅, 154cm×60cm

새남터

서울 아이들 집에 갈 때는 기차를 자주 이용한다. 한강 철교를 지나면서 항상 한옥 기와집의 새남터 성당 모습을 바라본다. 신자인 나로서는 성당을 바라보는 감회가 남다르다. 지금은 개발의 여파로 순교 터인 모래사장은 보이지 않고 강물만 유유히 흘러간다. 그러나 우리 순교자들의 피가 뿌려진 새남터 그 현장을 생각할 때는 가슴이 아프다.

새남터가 순교의 성혈로 물들기 시작한 것은 1801년 신유박해 때 치명한 중국인 주문모 신부부터이다. 한국 천주교회가 맞이해 들인 최초의 성직자 주문모 신부, 그의 최후를 지켜본 신자들은 훗날 그의 성덕을 기리면서 이렇게 증언했다고 한다. '사형 집행을 준비하는 동안 맑고 청명하던 하늘에 갑자기 두터운 구름이 덮이고, 형장

위에 무서운 선풍이 일어났다. 맹렬한 바람과 거듭 울리는 천둥소리, 억수같이 퍼붓는 흙비, 캄캄한 하늘을 갈라놓는 번개, 이 모든 것이 피비린내 나는 형벌을 집행하는 사람들과 구경꾼들의 가슴을 놀래고 서늘하게 하였다. 이윽고 거룩한 순교자의 영혼이 하느님께로 날아가자 구름이 걷히고 폭풍우가 가라앉고, 아름다운 무지개가 나타났다.' 그 후 병오박해 때 성 김대건(안드레아)신부가 치명했고 이곳에서 11명의 목자가 거룩한 순교의 피를 흘렸다. 박해가 있을 때마다 새남터의 북소리는 그칠 줄 몰랐다. 우리 순교 성지 중 제일 많은 순교자가 나온 곳이다. 한국 교회는 1984년 5월 6일 여의도 광장에서 103위 성인의 성대한 시성식을 거행했고 현재 순교자 124위와 증거자 최양업 신부 시복을 추진 중이다.

올해도 순교자 성월을 맞이했다. '장하다 복자여 주님의 용사여…' 어릴 적에 불렀던 '복자찬가'의 노래가 머리에 떠오른다. 나는 삶을 되돌아본다. 나름대로는 신앙의 테두리 안에서 살아온 것 같지만, 신심은 젊을 때보다 더 엷어진 것 같다. 미사를 마치고 성당 문을 나설 때의 그 뿌듯한 마음과 열정은 점점 식어 가는 것 같다. 내 중심의 생각과 마음, 이기심과 아집에서 벗어나지 못하고 있는 것 같다.

다시 한번 새남터를 생각해 본다. 믿음에 대한 용기와 굳은 신심을 주시도록 기도해 본다. 순교자 성월에 읽혀지는 사도 바오로의 로마서 말씀을 생각해 본다.

'하느님께서 우리 편인데 누가 우리를 대적하겠습니까? 당신의 친아드님마저 아끼지 않으시고 우리 모두를 위하여 내어 주신 분께서, 어찌 그 아드님과 함께 모든 것을 우리에게 베풀어 주지 않으시겠습니까?…… 무엇이 우리를 그리스도의 사랑에서 갈라놓을 수 있겠습니까? 역경입니까? 박해입니까? 굶주림입니까? 헐벗음입니까? 위험입니까? 칼입니까?'

며칠 전 미사 강론 중 신부님이 하느님이 안 계신 곳이 어디인지 신자들에게 물었다. 신자들은 즉시 대답을 못했다. '미움이 있는 곳에 하느님은 안 계신다.'는 것이 정답이었다. 미워하는 마음을 사랑하는 마음으로 바꾸자. 사랑은 나누는 것이다. 교회 신문에서 '세상이 온갖 욕심과 이기심에 빠져 있을 때 내 것이 넘쳐서가 아니라, 부족한 채로 내 것을 내어놓고 나누는 것은 현대적 의미의 순교다.'라는 글을 읽었다. 이곳은 도내에서 잘사는 시라고 하지만 주위에는 어려운 이웃이 많다. 병고에 시달리면서 겨우 삶을 이어가는 노인들이 있다. 이들을 위해서 '빈첸시오회' 활동을 하고 있지만 항상 부족하고 아쉽다.

새남터를 생각하면서 자신의 안일한 생활태도를 되돌아본다. 치명한 선조들은 육체의 안일함이 신앙을 잃는 원인이 되지 않을까 염려해서 고신 극기함으로써 그리스도의 수난을 체득하고 마침내 순교로써 부활을 맞이했다. '기우는 정의의 목숨을 건지려/ 주림과 추위와 죽음과 싸우며…' '순교자 찬가'의 구절이 다시 생각난다.

유유히 흐르는 새남터의 한강물, 의롭게 숨져간 순교 조상들의 얼굴이 꽃처럼 아름답게 피어오르리라.

시드니 클럽

퇴직 후 5년 동안 수녀원에서 운영하는 노인대학을 맡은 일이 있었다. 노인대학 운영은 재정문제, 강사문제, 학생확보 문제 등 여러 가지 어려운 문제들이 많다. 그동안 무보수로 같이 봉사했던 자원봉사자들을 생각하니 너무나 고마웠다. 함께했던 시간들이 아름다운 추억의 세월들이었다. 봉사자들은 거의 다 가톨릭 신자였기 때문에 우리들은 만나면 서로 세례명을 불렀다. 항상 솔선수범과 화합의 정신으로 봉사자 관리에 힘쓰신 육군대령 출신의 부학장 레오님, 레크리에이션을 담당했던 필로미나님, 키타 반주로 최신 유행가를 지도했던 마끄리나님, 고전무용을 담당했던 카타리나님, 이벤트회사의 강사로 우리의 중요 행사 때마다 도와주던 루시아님, 그리고 시청 소속 봉사자이면서 우리의 스포츠댄스를 지도하신 김상순 님, 모두가 정답고 그리운 이름들이다.

우리들은 수업이 끝나면 때때로 근처의 간이주점인 시드니 클럽에 모여서 그날의 수업내용과 앞으로의 계획 등을 이야기하고 생맥주나 칵테일 등으로 목을 축이곤 하였다. 시드니는 분위기도 좋았고 주인이 우리들을 잘 대해주었기 때문에 거기 모이면 마음이 푸근했고, 희망차고 즐거운 대화가 계속되었다.

노인대학에 봉사하는 동안 각종 대외행사에 단체로 참가할 기회들이 많아서 지금 생각하니 유익하고 즐거운 시간이었다.

먼저 생각나는 것이 전남 강진군의 청자문화제에 참가한 일이다. 청자문화제는 해마다 열리고 규모가 큰 행사로 전국의 노인대학에서 많이 참가하여 각자의 장기를 자랑한다. 우리는 필로미나 선생님의 지도하에 가수 혜은이가 부른 '파란 나라를 보았나? 꿈과 사랑이 가득한…' 이라는 〈파란나라〉에 율동을 맞춰 참가했다. 흰 바지와 파란 셔츠의 유니폼에 20여 명의 출연진이 음악에 잘 맞추어 절도 있게 연출했기 때문에 방청객으로부터 많은 박수갈채를 받았고 최우수상 후보에 오를 정도로 인기가 좋았다.

또 다른 행사 참가는 창녕에서 개최한 도내 노인대학 연합행사에 카타리나 선생님의 지도로 고전무용인 〈진도아리랑〉을 가지고 참가한 일이다. 빨간 치마와 노란 저고리의 우아하고 산뜻한 단체한복에 아름다운 춤은 관중으로부터 탄성을 자아내기에 충분하였다. 진도아리랑 곡에 맞추어 춤추는 모습은 나이 든 노인들이라기

보다 젊은 새댁 같은 모습이었다.

문경새재는 웬 고개인고/ 구부야 구부구부가 눈물이로 구나/ 아리 아리랑 쓰리쓰리랑 아라리가 났네/ 아리랑 응응응 아라리가 났네

나이 든 사람들은 흔히 '종합병원'이라는 말을 두 가지 뜻으로 이야기하고 있는 것 같다. 등산을 하면 여러 가지로 건강에 좋다는 뜻에서 등산이 종합병원이라는 말을 쓰기도 하고, 한 사람의 몸이 여기도 아프고 저기도 아파서 안 아픈 데가 없는 정도일 때 자기를 종합병원이라고 말하기도 한다. 노인대학에 나오는 학생들은 육십 대에서 팔십 대까지의 할머니들이 많다. 평생을 자녀들을 위하여 희생하고 자녀들을 위하여 모든 것을 바친 분들이다. 이제는 몸의 여러 부분이 아픈 분이 많다. 무릎 관절이 안 좋아서 잘 걷지 못하는 사람, 디스크 때문에 허리가 아픈 사람, 혈압이나 당뇨가 높은 사람, 심장이 안 좋은 사람 등 이른바 종합병원에 속하는 분들이 많다.

우리가 봉사한 노인대학은 몸이 불편한 분들의 마음을 즐겁게 하고, 좀 더 건강하게 살도록 하기 위하여 노래하고 율동하고 대화하는 프로그램을 운영하여 왔다.

5년의 시간이 흐르고 나는 노인대학의 관리를 다른 사람에게 넘겨주었다. 새로운 관리자가 나와서 더욱 새롭고 재미있고 활기찬

분위로 운영되기를 바란다. 세월은 정말 화살같이 흐르는가? 함께 즐겁게 봉사했던 시간들은 너무나 빨리 지나갔다. 지난날의 그 보람찬 시간을 되살려 또다시 시드니 클럽에 모여 한 잔의 술잔을 높이 들고 힘껏 "위하여"를 외치며 새로운 삶을 시작해야겠다.

봄이 오는 길목에서

엊그제 입춘이 지났다.

모든 잎사귀를 다 떨쳐 버리고 앙상하게 가지만 남았던 나무들이 언뜻 보기에 파릇한 느낌이 드는 듯하다.

등산을 하는 중 이따금씩 산사山寺에서 보는 광경이다. 절 앞에서서 두 손을 모아 합장하며 공손히 절하는 사람들이 있다. 진실하고 착하게 사는 사람들이라는 느낌이 든다.

우리 성당에도 매일 미사에 빠짐없이 참례하며 기도하는 사람들이 있다. 그들의 모습이, 그들의 신심이 우리의 신앙을 이어가게 하는 원동력이 되어가고 있다.

2001년 5월 5일에 신축성당의 첫 미사를 올린 우리 성당이 8년의 세월 속으로 접어들었다. 이제는 어엿한 교구 내의 굴지의 성당으로 자리 잡아 가고 있다. 성당을 중심으로 주님을 바라보고 생을 이어가는 우리 신자들은 마음 뿌듯하고 자랑스럽다. 거기다가 주보가 창간되어 알찬 내용으로 모습을 갖추려고 하니 반갑고 대견스럽다. 모두가 주님의 역사하시는 일이다. 또 주님의 도구인 우리 봉사자들의 수고와 노력의 덕택이다.

새로 부임하신 신부님께서 신자들에게 '기쁘게' '즐겁게' 살아가기를 강조하신다. 우리의 일상생활은 근심과 걱정에 싸여서 삶이 매일같이 고달프다. 하는 일이 제대로 안 되고, 경기가 안 풀리고, 곳곳에 문을 닫는 점포들을 볼 때면 마음이 아프다. 그러나 "우리는 그리스도를 믿음으로써 지금의 이 은총을 누리게 되었고 또 하느님의 영광에 참여할 희망을 안고 기뻐하고 있습니다. … 고통은 인내를 낳고 인내는 시련을 이겨내는 끈기를 낳고 그러한 끈기는 희망을 낳는다는 것을 우리는 알고 있습니다.(로마서 5, 2~5)"는 로마서의 말씀을 우리는 절망을 딛고 일어나 희망찬 삶으로 나아가는 원동력으로 삼고 있다.

입춘이 지난 무자년, 봄이 오는 길목에서 우리 중동성당 신자들이 주님을 바라보고 주님을 의지하며 기쁘고 희망찬 삶을 이어 가기를 기대해 본다.

바다노을 7-1, 2011, 디지털페인팅, 154cm×60cm

내 삶의 보람과 봉사

오늘은 월요일, 아내 세실리아와 함께 창원 파티마 병원에 봉사하러 가는 날이다. 아침 9시 30분 시작시간을 맞추려면 바쁘게 움직여야 한다. 봉사자실에 도착하면 20명 전후의 봉사자들이 모인다. 병원에는 우리와 같은 11개의 봉사 팀이 있고 160여 명의 사람들이 봉사하고 있다.

우리 봉사 팀에는 버팀목 격의 두 사람이 있다. 지도 수녀님과 율리아나 팀장이다. 아침 모임 중에 그날에 맞는 성서 구절이 낭독되고 수녀님이 성서 내용에 대한 해설을 한다. 성서를 중심으로 우리 삶의 문제와 연관시켜 해박한 교리 지식을 토대로 들려주는 말은 우리에게 많은 교훈과 감동을 준다. 율리아나 팀장은 봉사하는 삶을 위해서 태어난 사람인 것 같다. 희생정신과 넓은 아량으로 우리 팀을 아무 잡음 없이 화목하게 잘 이끌어 간다.

모임이 끝나면 각자 맡은 봉사 장소로 이동한다. 입원실을 찾아다니며 환자를 위해 기도하고 삶의 용기를 주는 방문 팀, 입원으로 며칠간 감지 못한 머리를 시원하게 감겨주는 팀, 환자의 머리를 말끔하게 손질해 주는 이 · 미용팀, 안내를 맡아 어린이와 노약자에게 각별한 신경을 쓰는 안내 팀, 원무과와 약제실에서 병원 직원을 돕는 팀, 환자의 차트를 정리하는 팀, 수술용 거즈를 손질하고 각종 홍보물의 발송을 돕는 팀, 환자 옷과 침대용구를 손질하는 재봉 팀, 환자와 간호하는 가족들에게 책을 읽을 수 있도록 봉사하는 이동도서 팀 등 맡은 일은 여러 가지다.

6년간의 병원 봉사 중에 가슴 아픈 일과 보람 있는 일들도 많았다. 우선 생각나는 것은 병원에서 만난 제자의 죽음이다. 어느 여자중학교에 근무할 때 가르친 제자였다. 유방암 수술 후 항상 밝은 모습으로 씩씩하게 투병생활을 했고, 내가 담당한 도서 봉사를 할 때 한 번씩 책을 빌려갔다. 아직도 젊은 30대의 나이였는데 사랑하는 어린 남매와 남편을 두고 이 세상을 떠났다. 병원에 올 때는 그 제자 생각이 나서 마음이 아프다. 부디 천국에서 영원한 안식을 누리기를 기도드린다.

또 하나의 사연은 41세의 나이로 돌아가신 분인데, 과거 태권도 관장 출신이었고 간암으로 파티마 병원에 입원했다. 3년간의 투병생활을 하는 동안 부인과 1남 2녀의 가족은 뿔뿔이 흩어져 가정이 파탄지경에 이르렀고 부인도 타락에 가까운 생활을 하고 있었다.

이 사실을 알고 수녀님과 팀장과 우리 봉사자들이 힘을 합쳐 이분을 돕기로 하고 모금운동을 전개하여 입원비를 해결하고 대세를 받도록 주선했다. 이분이 우리 모두에게 감사의 편지를 남기고 세상을 떠난 후 흩어졌던 가족이 다시 모이게 되었고 부인도 방황하던 생활을 청산하고 안정된 직장에 취업하게 되었다.

파티마 병원에는 직원들이 중심이 되고 여기에 자원봉사자들이 동참하여 모금하는 sharing 기금이라는 것이 있다. 이 기금으로 치료에 많은 돈이 드는 4명의 생명을 살렸다. 그 대상자 중의 한 사람인 중학교 2학년이었던 김모 학생은 이 기금의 보조를 받아 신장이식 수술을 받고 건강을 회복하고 감사의 편지를 보내왔다.

> 파티마 모든 분들께, 저는 11월 22일에 신장이식 수술을 받은 김모 학생입니다. 저에게 주신 후원금으로 수술을 받았습니다. 수술을 받기 전에는 복막투석을 하였고 혈액투석도 하였습니다. 그런데 이제는 약만 먹으면 되어서 너무 기뻐요. 정말 진심으로 감사드립니다. 제가 지금부터라도 열심히 공부를 해서 잘 살아가면서 저보다 힘든 사람들을 위해 도울 것입니다.

파티마 병원은 사랑의 힘으로 환자들의 아픔을 치유하며, 인간생명의 존엄성에 경외감을 가지고 생명에 봉사하는 것을 긍지로 여기는 병원이다. 이러한 사랑의 정신으로 인간생명의 존엄성을 지키기 위해 봉사하는 사업에 미세한 부분이나마 동참하는 우리들은 오늘도 감사와 보람의 마음으로 봉사의 현장에 나아간다.

흰 구름 두둥실 푸른 하늘, 다투어 피어난 붉은 장미가 더욱 아름다운 5월이다.

신우회 성지순례기

가을이 깊어가는 11월 초순.

신우회 회원 부부가 전대사 순례성당인 언양 성당으로 성지순례를 떠났다. 신우회는 우리 성당과 인근 성당의 남교우 8명의 모임이다. 육십 대와 칠십 대 초반의 나이들이다. 나름대로 착실하게 신앙생활을 하고, 본당의 총회장을 맡고 있는 회원도 있다. 빈첸시오 회원도 4가족이 있는데, 가진 것이 넘쳐서가 아니라 부족한 채로 내 것을 내어놓고 나누는 정신에 따라 활동을 하고 있다. 신우회원들은 그 달의 둘째 주일에 모여서 미사참례를 하고 점심을 함께한다. 한 달 동안의 성당 소식과 세상일도 이야기하며 즐거운 시간을 보낸다. 그 세월이 7년째 접어들었다.

일행은 4대의 승용차에 나누어 타고 잘 포장된 밀양 언양 간의 국도를 기분 좋게 달려 가지산 터널을 통과했다. 가지산 터널은 올 8월에 개통되었는데 길이가 4.5km로 국내 최장의 국도터널이다. 과거 울산 밀양 간의 울밀선은 좁고 비탈져 겨울에 눈이 내리면 통행이 제한되는 불편함이 많았다.

언양 성당은 한국에 천주교회가 들어온 직후 신앙의 선조들로부터 그 씨를 이어받아 200년의 신앙의 역사가 숨 쉬는 곳이다. 1928년에 명동성당을 지은 중국인 기술자에 의해 고딕식 형태로 공사가 시작되어 4년 만에 안공되었다. 현재 부산교구 유일의 석조건물이며 문화재청 지정 문화재라고 한다. 수많은 순교자들이 언양 지역 방방곡곡에서 목숨을 바쳐 그리스도의 복음을 전했다. 그래서 언양 성당의 역사는 공소의 역사와 함께한다고 한다. 현재 8개의 공소가 있는데 공소를 중심으로 16명의 성직자와 한 명의 주교가 배출되었다. 공소 중 김영재(베드로)의 묘역이 있는 살티 공소와 여동생인 동정녀 아가다의 묘가 있는 간월 공소와 죽림굴이 있는 대재 공소를 신자들은 많이 찾는다. 특히 죽림굴은 최양업(도마) 신부가 4개월간 은신하며 미사를 집전한 곳이다. 100여 명의 신자가 한꺼번에 숨어 신앙을 지키고, 연기를 내지 않기 위해서 곡식을 물에 불리어 생식을 하며 생활했다고 한다. 국내 유일의 천연 석굴 성지로 한국판 '카타콤베' 로 불린다.

언양에서의 점심은 특산물인 불고기를 먹게 되었다. 국내산으로 순수한 한우의 암소 고기만 취급한다는 식당이다. 언양에서는 순수한 품질의 한우를 확보하기 위해 전국의 소시장을 다니며 3년

정도의 우량한우를 사들인다. 적당한 육질이 될 때까지 6개월 내지 3년간 사육 후 도축한다고 한다. 이곳 사람들은 '언양 불고기'는 대한민국 10대 음식으로 등록되었다고 자랑한다. '언양 불고기 번영회'가 조직되어 있고 재경부로부터 특구 지정을 받은 식당이 30개 정도 있다고 한다. 오랜만에 맛있는 한우 불고기 맛을 보게 되었다.

식사 후 언양 성당을 찾았다. 유물전시관을 비롯하여 곳곳에서 풍기는 신앙의 역사적 향기를 느낄 수 있었다. 전대사를 받기 위해 성당에서 안내하는 절차에 따라 성호 긋기, 성경구절 낭독, 성 바오로 사도를 생각하며 묵상, 묵주기도, 주모경의 순서로 기도를 마쳤다.

창원으로 오는 길은 구 울밀선 도로를 택했다. 가지산 정상 부근의 석남 터널을 지나서 단풍을 감상하며 넘어왔다. 이곳은 우리나라의 위쪽 단풍에 비해 그렇게 화려하지는 않지만 노랑색과 갈색과 녹색과 억새꽃의 흰색이 어우러져 장관을 이루어 '영남의 알프스'라는 말이 실감났다.

오는 도중 밀양 성당에 들렀다. 밀양 성당에는 '천상낙원의 납골당'을 운영하고 있었다. 2,000여 기의 유골을 안치할 수 있는 깨끗한 현대식 납골당이었다. 경당 내에서 가족이나 단체가 미사봉헌이 가능하다고 하며 제대 밑에는 김대건 성인의 유해를 모시고 있다고 한다. 납골당 천장은 예수님의 일생을 그린 성화가 있었다.

삶과 죽음에 대해서 묵상할 수 있는 분위기가 느껴졌다. 우리는 납골당 앞에 모여 연옥 영혼을 위해서 기도를 바치고 창원을 향하여 출발하였다.

성지순례 후 한 달의 세월이 흘렀다. 우리는 다시 모였다. 아내들이 지난번 행사의 보답으로 한턱을 내는 날이다. 그날에 찍은 사진을 돌려 보았다. 언양 성당 앞에서, 한우불고기 특구 지정 식당 앞에서, 억새와 단풍이 어울린 영남알프스 배경의 사진들이다. 지난 시간의 기억을 되살려 본다. 벌써 2008년이 다 지났다. 눈 깜박할 사이에 일년이 지나간 느낌이다. 주님의 탄생을 갈망하는 대림절 성가가 울려 퍼지는 계절이다. 구세주 빨리 오사 어두움을 없이하며 동정마리아에서 탄생하옵소서. … 아름다움을 잃지 않고 건강하게 늙어가기를 축원하며 작별인사를 하였다. 맑은 하늘에 별이 빛나는 밤이다.

영규 할머니 이야기

우리 성당 교우들은 엘리사벳 할머니를 '영규 할머니'로 부른다. 본명보다도 더 쉽게 불리는 호칭이다. 이 호칭 뒤에는 숱한 사연이 있다.

지금부터 16년 전 일이다. 아들이 사업 실패로 파산 지경에 이르렀다. 며느리는 가출하고 아들은 행방불명이 되었다. 당시 5세와 6세이던 영호, 영규 어린 두 손자는 할머니 손에 맡겨졌다. 하늘이 무너지는 것 같은 상황 속에서도 할머니는 불쌍한 손자들을 위해서 험한 세파 속으로 뛰어들게 되었다. 그 당시 60세의 나이로 취직할 곳도 없고 우선 급한 대로 헌 박스와 고물을 주워 팔아서 연명을 하였다. 그 후 이런 딱한 사정이 우리 성당에 알려져 빈첸시오회에서 조그만 도움을 주는 인연을 맺어 온 것이 지금에 이르게 되었다. 행방불명이 되었지만 호적상 아들이 있고 별 도움을 주지 못하는 시집간 딸 때문에 생활보호 대상자 혜택도 받지 못한다. 다행히 두 손자가 소년가장으로 인정되어 학비 보조를 받고 주민센터에서 쌀도 나오니 겨우 생활은 유지가 되었다.

어느덧 두 손자가 고등학교를 졸업하게 되었는데 법에 의해서 소년가장의 혜택도 중단되었다. 생계가 막연한 할머니의 딱한 소식이 전해지자 주민센터에서 청소미화원 자리를 마련해 주었다. 할머니의 청소미화원 공식 명칭은 '생활민원 사후 관리원' 이었다. 두 손자도 군에 입대하게 되었고 할머니는 열심히 동네 길거리 청소를 하였다. 미화원 일은 1년 내 못하고 9개월 일하면 3개월 쉬어야 하는데 쉴 때는 보수가 지급되지 않는다. 그래도 짧은 세월이었지만 청소미화원으로 일할 때가 할머니에게는 가장 행복한 시간이었다. 적십자와 빈첸시오 회의 도움으로 촛불을 켜놓고 박수치며 축하해주던, 눈물나도록 고마웠던 생일잔치도 벌였다.

할머니에게 또 큰 시련이 닥쳐왔다. 집에서 다락방에 오르다가 넘어져 대퇴부의 뼈가 부러지는 골절상을 입게 되었다. 쇠를 대퇴부에 넣는 수술을 받았다. 걸음도 걷지 못하고 누워만 있는 할머니는 아픈 것보다도 부상으로 인해 환경미화원 자리를 잃지나 않을까 자나 깨나 걱정하였다. 우리 빈첸시오회에서는 주민센터에 가서 할머니의 딱한 사정 이야기를 하고 회복되면 다시 공공근로 사업을 할 수 있도록 도와 달라고 부탁하였다. 그러나 상황은 더 악화되어 다시 2차로 인공관절 수술을 받게 되었다.

할머니는 건강이 회복되어 다시 공공근로 사업일을 할 수 있게 해달라고 매일 성모님께 매달리며 간절히 기도하였다. 인자하신 하느님께서는 할머니의 기도를 외면하지 않으시고 기적 같은 회복을 주셨다. 인공관절 수술 후 할머니는 지팡이에 의지하며 조금씩 걷기 시작하였고 입원한 지 5개월쯤 지날 무렵에는 퇴원을 하였다. 병원에서 무리하지 않게 조금씩 활동해도 좋다는 진단이 나와서 지난 11월 1일부터 소원하던 공공근로 일을 다시 하게 되었다. 이제 할머니는 청소용구를 싣는 유모차에 의지하면서 아침 8시부터 저녁 6시까지 거리를 깨끗이 청소하신다. 큰손자도 제대하여 조선소 훈련원에서 기술을 배우고 있다. 성가정 축일을 맞이하는 할머니에게는 소박한 소원이 있다. 두 손자와 한 상에서 할머니가 지은 따뜻한 밥 한 끼를 먹는 일이다.

어느 신자의 선종

오늘 병원 장례식장에서 돌아가신 요셉 씨의 사도예절이 있었다. 병원 영안실에 도착하니까 10여 명의 교우가 와 있었다. 연령회원과 요셉회원 구역반장, 본당간부 몇 명이었다. 입원한 지 하루 만에 돌아가셨다. 교우들은 그가 '선종' 했다고 하고 혹은 '복福죽음' 을 했다고도 한다. 노인으로서는 그렇게 나이가 많지 않은 65세이지만 고생을 해서 그런지 나이보다 더 늙어 보인다. 평생 가난하고 겸손하게 살았다. 젊을 때 이혼하고 아무 친척 없이 혈혈단신孑孑單身으로 혼자 살았다. 거기다가 몸조차 아파서 심장 수술을 두 번이나 받았다. 그래도 살아가는데 크게 지장이 없어 매일 미사에 열심히 나오고 착하게 살았다.

한국 천주교회는 초창기부터 선종善終이라는 말이 신자들 사이에 애용되어 왔다고 한다. 선종은 선생복종善生福終 즉 착하게 살다가 복되게 끝마치는 것을 의미한다고 한다. 그렇다면 요셉 씨의 죽음은 선종일 것이다. 독거노인이고 장애인이라 주민센터로부터 기초생활수급대상자의 혜택을 받았고 성당의 빈첸시오회, 복지부, 적십자사의 조그만 도움을 계속 받았다. 장례도 주민센터에서 치러야 하기 때문에 미사도 드릴 상황이 아니어서 사도예절을 하게 되었다. 예절 도중 신부님은 강론 말씀을 통해 '주님은 참으로 자비하시고 공평하신 분이시다. 요셉 씨가 만일 치매나 중풍으로 고생했다면 누가 그 간호를 맡았겠느냐' 는 요지의 말씀을 하셨다. 요즈음 나이 든 부모님의 치매나 중풍으로 인하여 얼마나 많은 가정과 가족이 어려움을 겪고 있는가? 나이 든 사람들은 누구나 선종을 소망한다. 그래서 많은 신자들이 선종기도를 바친다.

예절이 끝나고 장례식장 복도로 걸어 나왔다. 각 방 앞에는 조화가 가득하고 조문객이 넘쳐난다. 그러나 본당 연령회에서 마련한 요셉 씨 방에는 아직 성당의 연도객도 도착하지 않아 조문객이 한 사람도 없고 그 흔한 조화도 하나 없다. '요셉 씨는 가난하고 외롭게 혼자 살았는데 죽어서도 너무 쓸쓸하네요' 어느 신자의 말이다.

그러나 부잣집 식탁에서 떨어지는 부스러기로 주린 배를 채우던 종기 투성이의 라자로가 죽어서는 천사들의 인도를 받아 아브라함의 품에 안기게 되었다는 루가복음의 말씀처럼 요셉 씨는 분명 천국 낙원에 들어갔을 것이라고 많은 신자들은 믿고 있다.

'주님 요셉을 부디 천국 낙원으로 이끄시어 영원한 복락을 누리게 하소서' 우리는 기도 드린다.

주님 나의 목자 아쉬울 것 없노라/ 파아란 풀밭에 이 몸 누여 주시고/ 고이 쉬라 물터로 주 나를 이끌어 주네….

사도예절의 마지막 성가가 생각난다.

어버이 살았을 제

오늘도 서재에 걸려 있는 어머님 사진을 본다. 그립고 보고 싶은 마음이 가슴에 사무쳐 온다. 돌아가시기 전에 잘 모셨으면 이런 생각은 덜할 것이다. 공직에 있으면서 어머님을 떠나 이곳저곳으로 옮겨 다녔다. 더구나 어머님이 돌아가실 무렵 집에서 멀리 떨어진 객지에 근무하면서 집에 자주 못 갔다. 어머님을 자주 찾아뵙지 못했던 지나간 그 시절이 너무나 아쉽고 한스럽다.

어머님은 신앙에 의지하며, 자신의 삶은 검소하게 사시고, 불쌍하고 불우한 사람들에게 베풀고 나누었다. 지금 내가 성당에서 빈첸시오회 활동을 하는 것도 어머님의 그 뜻을 이어가는 것일지도 모른다. 6·25 전쟁 때 학도병으로 출전한 장남을 나라에 바치고 자식에 대한 한을 평생 가슴에 묻고 사셨다. 나의 빠듯한 공무원

생활로 아이 셋을 서울에 공부시키던 집안 형편에 무엇이든지 도와주려고 애쓰던 당신이다. 습기가 많은 지하 셋방에서 자취하며 공부하던 손자 손녀들을 항상 안쓰럽게 생각하시고 집 옮기는데 보태어 쓰라고 절약하며 푼푼이 모운 용돈을 내어 주시던 그 자식 사랑을 영원히 잊지 못한다.

그리도 아끼던 작은아들의 승진 소식도 듣지 못하고 가셨다. 애지중지하던 손자가 흰 가운을 입고 대학병원에서 환자를 돌보는 것도, 손녀의 고시 합격을 축하하던 플래카드가 동네 입구에 걸려 있던 것도 보지 못하고 세상을 떠나셨다.

어버이 살았을 제 섬길 일란 다 하여라./ 지나간 후면 애닯다 어찌하리./ 평생에 고쳐 못 할 일이 이뿐인가 하노라.

정철鄭澈 선인先人의 옛 시조가 오늘따라 다시금 떠오른다.

위령성월을 맞이했다. 신자들은 교구의 묘지에 위령미사를 봉헌하러 간다. 우리 가족도 돌아가신 조상님들과 어머님을 위해서 본당에서 미사를 봉헌했다. 신자들은 위령성월을 맞이할 때 조상님들과 돌아가신 부모님들을 생각하고 천국에서 영원한 안식을 누리기를 기도한다. 자식들은 살아계실 때 부모님을 잘 모시지 못한 것을 후회한다. 그러나 때늦은 뉘우침이다. 평생에 고치지 못할 일이 이뿐이라고 정철은 시조에서 가르친다. 위령성월에 살아있는 후손들이 이 시조를 다시 한 번 머리에 떠올렸으면 하고 생각해 본다.

체리블라썸 2-그대를 사랑합니다, 2013, 디지털페인팅, 70cm×95cm

만남 그리고 헤어짐

만남과 헤어짐, 우리 삶의 큰 분수령이 되는 이 두 사건은 우리 교우들에게는 주로 혼인성사와 장례미사를 통하여 이루어지는 것 같다. 우리 부부가 성당에서 혼인성사를 올렸던 때를 생각해 본다. 지금도 한 번씩 혼배사진을 본다. 우리에게도 저런 시절이 있었던가? 앳된 젊은 청춘의 모습이다. 우리 부부의 만남은 40년을 훨씬 지나 50주년을 향하여 가고 있다. 세월은 나이가 드는 만큼 가속도가 붙어 달린다는 말이 실감난다.

최근에 특별한 혼인미사에 참석한 일이 있었다. 두 본당의 남녀 청년회장이 신랑신부로 맺어진 혼인이었다. 주례 신부님은 미사 시작 전에 '회장님의 결혼식'으로 소개를 하여 하객들이 웃고 박수를 쳤다. 장미와 백합과 니시안샤스 꽃으로 아름답게 장식된 식장에서 청년회장의 결혼식답게 미사 시작은 청년들의 제대 앞 율동으로 시작되고 성가도 '청년 미사곡'을 불러서 더욱 발랄하고 생기 있는 혼인식으로 느껴졌다. 신부님은 강론을 통해 두 사람이 회장직을 수행하면서 남을 위해 희생하고 봉사하고 사랑하는 것을 체험했으니, 앞으로 서로가 서로에게 밥이 된다는 생각으로, 청년 회장 때 경험한 희생과 봉사와 사랑을 실천하며 살아가라는 당부의 말씀을 하셨다.

한 주일에 한번 병원봉사를 한다. 내가 맡은 일은 도서봉사다. 환자와 가족들이 읽을 책을 대출해주고 회수하는 일이다. 병원의 각 층으로 이동하며 많은 사람들을 만난다. 환자와 환자를 돌보는 이들과 문병 온 사람들과 여러 분야에서 바삐 움직이며 환자를 치료하는 의료진을 만난다. 호스피스 병동을 지날 때는 항상 마음이 애잔하다. 이 병동에 입원한 분들이 하느님을 찾고 세례를 받을 때 대부를 선 일이 있었다. 그 대자들은 이제 다 주님의 품으로 돌아갔다. 대자들의 장례미사를 다시 생각해 본다. 장례미사는 참석자에게 많은 생각을 하게 한다. 인간의 한계와 삶과 죽음과 내세를 생각하게 한다. 신부님이 바치던 위령감사송을 떠올려본다.

그리스도께서 복된 부활의 희망을 주셨기에/ 저희는 죽어야 할 운명을 슬퍼하면서도/ 다가오는 영생의 약속으로 위로를 받나이다./ 주님, 믿는 이들에게는 죽음이 죽음이 아니요/ 새로운 삶으로 옮아감이오니/ 세상에서 깃들이던 이 집이 허물어지면/ 하늘에 영원한 거처가 마련되나이다.

믿는 이들에게 죽음의 의미를 일깨워주는 기도다. 부활절이 지나가고 성령강림축일도 지나갔다. 이제 성모승천축일을 지나면 화살처럼 빠른 세월에 떠밀려 어느덧 종착역 같은 위령성월에 이를 것이다.

우리는 만날 때에 떠날 것을 염려하는 것과 같이/ 떠날 때에 다시 만날 것을 믿습니다./ 아아, 님은 갔지마는 나는 님을 보내지 아니하였습니다.

한용운의 〈님의 침묵〉이 가슴을 저미게 하는 듯하다.

| 제4부 |

소록도 방문기

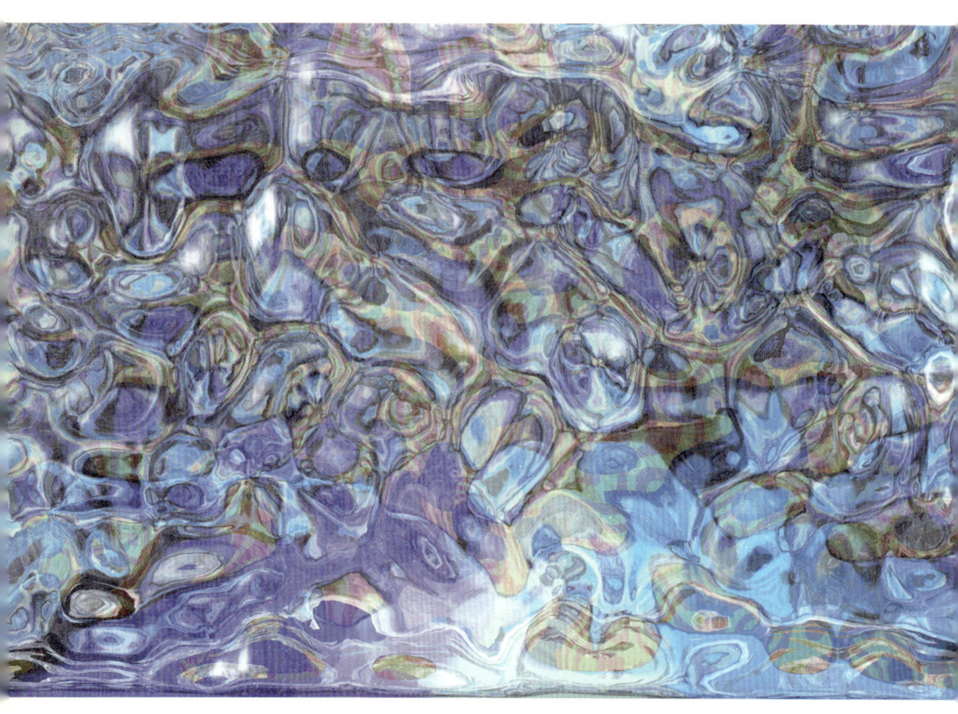

아리랑 – 세상만사 1, 2013, 디지털조각, 페인팅, 233cm×140cm

소록도 방문기

우리가 봉사하는 창원파티마병원 자원봉사자 팀은 해마다 성지 순례를 한다. 올해는 소록도를 방문하기로 했다. 소록도는 요사이 관광지가 되어 많은 사람들이 찾는다. 그러나 신자들인 우리가 소록도를 방문하는 이유는 좀 다르다. 방문 며칠 전부터 우리는 기도를 드렸다.

'…… 2012년 자원봉사자 소록도 방문에 함께하시어 저희가 당신께서 모든 인간에게 베푸시는 사랑을 몸과 마음으로 체험하게 하시고, 삶의 현장에서 그 사랑을 실천하도록 이끌어 주소서. 나환우의 힘과 위안의 원천이신 하느님 아버지! 저희들도 나환우의 신앙을 본받아 삶의 갖가지 위험과 어려움을 극복하여 온갖 유혹에서 신앙을 지킬 수 있도록 보호하여 주소서…….'

관광버스에서 오늘은 병들고 약한 이들 안에서 힘이 되어주시는 하느님을 체험하는 날이라는 방문기도로 시작하여 오전기도가 끝난 후 조용한 묵상의 분위기가 흐르는 가운데 3시간 이상을 달려 최근에 개통된 소록대교를 지나 목적지에 닿았다. 소록도는 어린 사슴 모양을 닮았다 해서 붙여진 이름이라 한다.

성당 조배를 마치고 동그랗게 잘 다듬어진 커다란 후박나무 그늘 아래 모였다. 나환우 신자들이 열렬히 우리를 환영하여 주었다. 모두 함께 부른 〈성모성월〉의 성가가 울려 퍼졌다. '성모성월이요 제일 좋은 시절 사랑하올 어머니 찬미하오리다.……' 신자 대표의 환영의 말씀이 있었고 이어서 즐거운 노래마당이 펼쳐졌다. 70이 다 넘어 보이는 환우들이었지만 그렇게 허약한 모습은 아니었다. 신나게 흘러간 옛 노래를 부르고 재미있는 시간을 보내었다. 모든 한우들과 특히 병상에서 투병하는 환우들을 위하여 기도를 드린 후 소록도중앙공원 을 둘러보았다. 공원은 여의도 면적의 약 1.5배인 1만 9,800m²의 넓이에 솔송, 황금편백, 후박나무 등 100여 종의 아름다운 관상수가 공원을 가득 메우고 있어 수목원을 방불케 한다. 이 공원을 만들기 위하여 일제강점기인 1936년부터 4년간 연인원 6만여 명의 불구원생들이 강제 동원되고 많은 원생이 공사 도중 숨졌다고 하니 한이 맺힌 곳이다. 이 공원 안에는 한센균을 박멸하는 모습을 형상화한 미카엘 대천사상과, 한센병은 낫는다는 문구를 적은 구라탑求癩塔과, 한센병을 앓았던 시인 한하운韓何雲의 〈보리피리〉 시가 새겨진 시비詩碑가 있다. 특히 이 시비는 돌의 무게가 8톤이나 되는데 장비도 부족한 시절 인력으로 인근 완도에서부터 힘들게 옮겨졌다고 한다. 한하운의 〈보리피리〉를 떠올려본다.

보리피리

보리피리 불며/ 봄언덕/ 고향 그리워/ 피-ㄹ닐리리

보리피리 불며/ 꽃 청산靑山/ 어릴 때 그리워/ 피-ㄹ닐리리

보리피리 불며/ 인환人寰의 거리/ 인간사人間事 그리워/ 피-ㄹ닐리리

보리피리 불며/ 방랑의 기산하幾山河/ 눈물의 언덕을 지나/ 피-ㄹ닐리리

이 시에 대해서 어떤 이는 '보리피리 불며 향수, 인간적 고독, 천형天刑과도 같은 괴로움을 달래고, 방랑의 숱한 산하와 눈물의 높은 언덕을 건너는 더 큰 아픔을 통해서 자신의 절망을 내적으로 승화시키는 눈물겨운 모습을 떠올려 준다.' 는 평을 하고 있다.

2012년 7월 7일자로 개원 71년째를 맞이하는 소록도 병원에는 일제강점기 일본인들에 의해 저질러졌던 숱한 가슴 아픈 사연들도 남아 있다. 수탄장愁嘆場에 얽힌 사연은 환자 자녀를 미감아 보육

소에 격리하여 환자인 부모와는 한 달에 단 한번 면회가 허용되었다. 미감아 아동과 부모는 도로 양옆으로 갈라선 채 일정한 거리를 두고 눈으로만 혈육을 만나야만 했다.

사람들은 '탄식의 장소' 라는 의미로 수탄장이라 불렀다 한다.

또 25세의 젊은 나이에 병원의 명을 거역한 벌로 감금실에 갇혔다 풀려나면서 강제로 정관精管을 차단하는 수술을 받은 환자가 청춘을 통곡하며 지었다는 시 〈단종대〉가 남아 있다.

> 그 옛날 나의 사춘기에 꿈꾸던/ 사랑의 꿈은 깨어지고/ 여기 나의 25세 젊음을/ 파열해 가는 수술대 위에서/ 내 청춘을 통곡하며 누워 있다/ 장래 손자를 보겠다던 어머니의 모습/ 내 수술대 위에서 가물거린다.…

점심 식사 후 소록도 성당에서 미사를 드렸다. 특히 이 성당은 1984년 8월 4일 요한 바오로 2세 교황님이 방문하셔서 맨 앞줄에 자리한 중환자 15명의 손을 일일이 잡아주시고 포옹하면서 특별한 사랑을 표시했다고 한다. 지금도 이 성당에는 교황님께서 직접 가져오신 십자가와 교황님이 앉으셨던 의자가 남아 있다.

소록도에서의 일정이 끝나고 돌아오는 길에 프로레슬러 김일의 고향인 인근 거금도에 들렀다. 소록도와 거금도 를 잇는 거금대교가 최근에 개통되어서 차편으로 거금대교를 지나 거금도 구경을 할 수 있었다.

돌아오는 버스 안에서 저녁기도가 끝난 후 소록도 성당 수녀님의 말씀을 떠올려보았다. 성당에서 가장 귀한 보물은 음성나환우 노인들이라고 한다. 이분들은 평생 약을 복용하며 살아야 한다. 약의 부작용에도 불구하고 약에 의지하여 여생을 보내야 할 환우들을 생각해 보았다.

일찍이 나환우들을 돌보아주시고 기적을 행하시어 이들을 고쳐주신 주님께서 오늘도 이 환우들을 보호해 주시리라 믿으며 간절한 기도를 드린다.

성지순례 중의 고해성사

이스라엘 성지 순례 중 시나이 산 정상의 이른 아침, 용강로의 쇳물처럼 붉게 솟아오르다가 찬란히 비쳐오는 아침 햇살에 우리 모두는 감사의 기도를 바쳤다. 하느님의 강렬한 빛이 모세 성인이 가진 돌판 위에 십계명을 새기던 영화의 장면이 연상되었다.

십여 년 전의 성지순례 때였다. 곳곳의 유적을 통하여 예수님의 일생이 생생하게 느껴졌던 기억이 새롭다. 모든 감격스러웠던 사건 중에서도 아직도 잊히지 않는 일은 베드로 대성당에서의 고해성사였다. 자신보다도 인간을 더 사랑하여 목숨을 바치신 주님의 행적을 체험하는 순례 중의 고해성사였다. 의도적으로 남에게 해를 끼쳤거나 사리사욕을 채웠다는 큰 잘못은 없었다고 느껴졌지만 가슴에 떠오르는 뉘우침이 있었다. 오랜 신앙인의 연륜에도 불구하고 남보다 나 자신을 위해서, 가족을 위해서 특히 자식들을 위해서 너무 기도에 전념했던 지난날이 부끄러웠다. 하느님께서는 매달리던 나의 기도를 들어주셨는지 아이들이 다 제 몫을 할 수 있도록 자라게 해 주셨지만 성지순례 중의 고해성사는 나에게 하나의 뉘우침으로 다가왔다.

그 이후 하느님께서는 나에게 평생 동안의 보속을 주신 듯하다. 성지순례 이후 나는 당糖이 높아져서 매일 신경 쓰고 당뇨병을 관리하며 살고 있다. 음식을 마음껏 먹지 못하고, 운동을 게을리하지 않고 살아야한다. 나는 당뇨병은 하느님이 나에게 주신 고마운 보속이라고 생각한다. 내가 정상인이었더라면 지금 건강 상태가 어떨까? 절제를 잃은 생활 때문에 다른 질병에 걸렸을지도 모른다.

당뇨병 치료는 약과 음식과 운동의 세 가지가 조화를 이루어야 관리되는 병이다. 특히 음식 조절과 운동은 인내와 절제가 따른다. 먼 곳의 여행도 어렵다. 여행 중의 음식 조절과 피로로 인한 스트레스는 당 관리를 어렵게 한다. 그래서 나는 되도록 여행을 자제한다. 운동은 걷는 것이 주가 되지만 무더운 여름과 추운 겨울에는 힘들다. 인내와 끈기가 필요하다. 걷는 중에 나는 항상 묵주기도를 바친다. 성모님께 의탁하며 감사와 청원의 기도를 바친다. 이제는 자신보다도 다른 어려운 이웃을 생각하는 지향으로 기도를 바친다. 특히 가난하고 불쌍한 병자들을 위한 기도에 정성을 들인다. 기도 대상자 중에는 그동안 돌아가신 분도 있지만 대부분 건강을 유지하고 있는 것을 보면 인간의 생명을 주관하시는 하느님께서 나의 기도를 들어주시는가 하는 생각도 하게 된다. 병원봉사 중에 위독한 환자와 영세대부의 인연을 맺은 일이 있었다. 호스피스병동에서 주님만을 의지하고 투병하던 대자의 모습이 눈에 선하다.

꽃이 피고, 바람이 불고, 비가 내리고, 낙엽이 지는 세월이 쏜살같이 지나간다. 성지순례의 그 시간 그 고해성사의 기억을 되살리며, 병고에 시달리는 가난하고 불쌍한 사람들을 위하여 오늘도 나는 묵주의 기도를 바치며 걷고 또 걷는다.

맑은 하늘 오월에

성모 성월 5월

아카시아 꽃잎이 눈송이처럼 휘날리고, 붉은 장미는 그 고운 자태를 더욱 뽐내는 계절이다.

> 성모 성월이요 제일 좋은 시절/ 사랑하올 성모님 찬미하오리다/ 가장 고운 꽃 모아 성전 꾸미오며/ 기쁜 노래 부르며 나를 드리오리

성모님을 찬미하는 성가가 울려 퍼진다. 맑고 포근한 어머님 품속 같은 계절 성모성월에 믿는 이들은 성모님께 깊은 사랑과 공경을 드린다.

이 좋은 계절에 이웃에게도 자비로운 어머님을 알리고 싶지만 전교하는 일은 쉬운 일이 아니다. 그래도 우리 성당에서는 이번 부활절에 40여 명이 세례를 받았다.

평화방송에 출연하는 전광진 신부님의 말씀에 의하면 2005년 통계청 인구조사 결과 발표에서 10년간의 종교별 신자 증감을 보면 천주교는 74% 증가, 불교는 18% 증가, 개신교는 16% 감소한 것으로 나타났다고 한다. 또 서울대 종교학과의 김종서 교수는 한국에서 천주교 신자 증가의 가장 결정적인 요인으로서 천주교의 조직력과 결속력, 청렴성, 군사정권 시절의 정의 인권활동, 제사에 대한 유연성, 타 종교에 대한 열린 태도, 천주교가 펼치는 가난한 사람들에 대한 헌신적인 봉사활동 등을 지적하고 있다. 이 지적은 곧 우리 교회의 성직자, 수도자와 평신도 들이 신앙인으로서 바르게 살아온 결과며, 남다른 가톨릭의 경쟁력이 아닐까 생각한다.

외인이 입교하게 되는 기본 동기는 우리의 삶에 대하여 호감을 가지는 것, 우리의 삶이 타인의 모범이 되는 것이라고 교회에서는 강조하고 있다. 하느님이 우리에게 명하시는 두 가지 커다란 일은 인간구령과 이웃사랑이다. 우리는 세례 받는 순간부터 이 일을 실천할 의무를 지고 있다. 교회 내의 모든 신자와 단체들이 이 최종 목표를 향하여 발로 뛰며 노력하고 있지만 특히 레지오 단원들의 역할은 큰 비중을 차지한다. 오늘도 레지오 단원들은 성모님께 간절히 기도하며 전교의 일선에 나아간다. 〈레지오 마리애〉지誌 금년 1월호에 의하면 전국에는 약 3만 개의 쁘레시디움이 있고, 협

조단원을 포함해서 53만 명이 넘는 단원이 활동하고 있다고 한다. 낮팀과 밤팀이 나누어져 활동하고 있는 현실을 생각하면 성당에는 밤낮으로 묵주기도 소리가 들려오는 셈이다. 단원은 모두가 성모님의 군대로서 자신의 삶을 레지오 활동에 맞추며 살려고 노력하고 있다.

성모성월 5월은 또한 가정의 달이다. 믿는 이들은 성모님이 요셉성인과 아들 예수님과 함께 이룬 성가정을 본받으며 살려고 노력한다. 성가정에는 하느님이 함께하시고 하느님이 중심이 되신다. 성모님! 이 맑고 푸른 계절에 믿음이 부족한 저희들이 늘 어머님과 함께 삶의 기쁨을 누리고, 나날이 희망과 감사의 기도 속에서 살게 하소서.

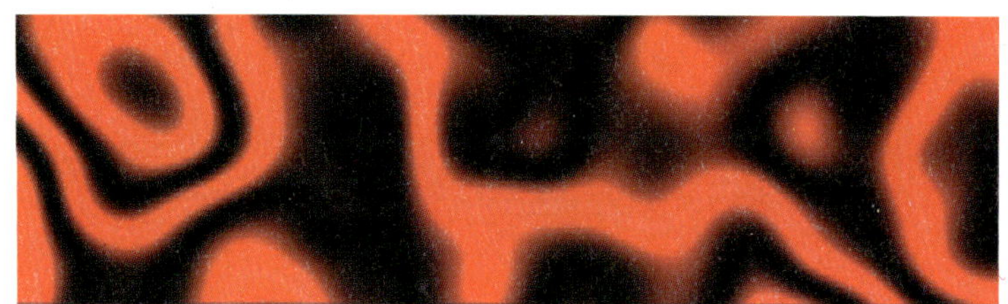

가을 3-가을하늘, 2006, 디지털페인팅, 160cm×50cm

베풀고 떠나간 요한

연분홍 복사꽃이 화사하게 핀 봄날의 저녁, 간절한 기도 속에 회복을 바랬던 교우 요한이 세상을 떠났다. 장례식장에서 교우들과의 연도가 끝나고 입관예절에 참석했다. 수의에 쌓인 망자의 마지막 모습을 보며, 남편과 아버지를 부르고 오열하는 가족들과 함께, 평소 요한을 아끼던 교우들도 다 눈물을 흘렸다.

요한은 70세 초반의 나이다. 지금 사람들의 평균수명을 생각하면 더 살아야 할 나이지만 그동안 암으로 고통스러운 투병생활을 하다가 세상을 하직했다. 아직도 더 살아서 남을 위해 봉사해야 할 일들이 많다고 생각하는 사람인데 안타깝다.

요한은 남에게 베푸는 삶을 살아온 사람이다. 경제적으로 넉넉하다고는 할 수 없지만 항상 남을 먼저 생각하는 사람이었다. 같이 식사할 일이 있을 때 언제나 자기가 먼저 밥값을 내겠다고 서두는 사람이었다. 노인들에게 점심을 제공하는 급식소에 쌀을 갖다주고, 우리들이 봉사하는 빈첸시오회에 몇 년간 힘에 겨운 특별회비를 내었다. 그 회비는 물질적으로 정신적으로 궁핍한 상태에서 고통받고 있는 이들에게 삶에 대한 희망과 용기를 주었다.

요한은 또 우리 신우회 회원이다. 지금으로부터 10여 년 전 60대 전후의 남교우들 몇 명이 친목단체인 신우회를 조직했다. 한 달에 한 번씩 모여 교회와 세상일을 이야기하고, 때로는 성지를 찾아 신심을 키우며 우정을 쌓아오던 추억의 세월들이 스쳐간다.

영구를 안장하고 무덤축복의 예식이 있었다. 8년 전 교구에서 '요셉동산' 이라는 교우를 위한 공원묘원을 조성할 때 그와 나는 같이 부부의 미래 안식처로서 묘지를 마련했었다. 다시 와보니 멀리 남해 다도해의 올망졸망한 섬들이 보이고 전망이 매우 좋다. 세월이 흐르면 나도 그의 뒤를 따라 이곳으로 올 것을 생각해 보았다. 다시 한동네에서 그와 함께 천상낙원의 삶을 살 수 있을까 상상해 보았다.

요한을 보내고 온 저녁 그를 생각하며 저녁 산책에 나섰다. 은은한 산사의 종소리가 끊어졌다가 이어지며 울려온다. 평소에 그의 쾌유를 위하여 그렇게 기도드렸건만 멀리서 들려오는 종소리처럼 그의 영혼은 멀리 멀리 떠나갔는가? 그는 이제 우리 곁을 떠나갔다.

주님! 부디 그를 천국낙원으로 이끌어주시고 언젠가는 저희가 하느님 나라에서 다시 요한을 만날 희망 속에 살게 하소서! 나는 기도드린다.

착한 사마리아인

우리 신자들 중에는 많은 사람들이 남을 위해 봉사하기를 원하고 실제로 많은 이들이 봉사를 하고 있다.

예수님의 생애는 삶 전체가 봉사의 삶이고 인류를 위해 목숨까지 내어 놓으신 위대한 봉사의 선각자이시다.

루가복음에서, 강도를 만나 옷을 벗기고 맞아서 초주검이 된 사람을 같은 동족이나 성직자까지도 외면했지만 사마리아 사람이 구해주고 치료해 주었다는 착한 사마리아인의 이야기는 지금을 살아가는 우리 인간의 봉사의 전형典型이라고 할 수 있다.

예수님께서는 유다인 청중을 향해서, 우리를 향해서, 저 사마리아인처럼 살아가라고 촉구하신다.

지난 6월, 10년 동안 해오던 병원봉사를 그만두었다. 이제 봉사를 그만 둘 나이에 이르렀기 때문이다. 지나온 시간들을 생각하면 많은 일들이 떠오른다. 그중에서도 병원봉사를 통해서 맺어진 3명의 대자를 잊을 수가 없다. 모두가 호스피스병동의 입원 환자들이었다. 이 세상에서의 얼마 남지 않은 삶을 오직 주님만을 의지하며 살아가던 생의 마지막 시기의 가냘팠던 그 대자들의 모습을 잊을 수가 없다. 마지막 시간의 착한 모습을 떠올릴 때 이분들은 분명히 하느님 품안에 안겼으리라고 생각된다.

고통받는 이들에게 조금이라도 도움을 주고자 하는 병원봉사는 하느님의 사업에 협조하는 일이라고 믿는다. 이런 봉사로 인해서 칭찬이나 상을 받았을 때 마음이 그리 즐겁지만은 않았다. 이 세상에서의 칭찬이나 보상보다도 다음 세상의 칭찬이나 보상이 더 의미 있기 때문이다.

봉사와 관련된 어느 교우의 이야기가 떠오른다. 남편이 비신자인 여교우가 주일날 성당에 남편과 같이 나가서 미사에 참석하면서 남편에게 좋은 감동을 주고 입교를 권할 목적으로 차를 운전하여 갔다. 주차할 자리를 찾고 있던 중 마침 한 자리가 있어서 주차를 하려는데 어느 남자분이 거기 주차하지 말라고 말하였다. 이리저리 주차할 장소를 살피던 중 마땅한 자리가 없어서 다시 그 자리에 주차를 시도하는데 앞의 그 남자가 나타나서 큰소리로 성을 내면서 나무라고 주차를 못하도록 하였다. 너무나 당황스러웠고 주차하기도 어려워서 결국 이 교우는 미사를 보지 못하고 집으로 왔다. 남편과 같이 즐거운 마음으로 미사에 참례하고 앞으로 성당에 나갈 수 있도록 권유해 보고 싶었던 그 여교우의 꿈은 깨어졌다.

그 상황을 들은 나는 봉사에 대해서 한 번 더 생각해 보았다. 주차를 단속하던 그 남자는 분명히 성당에서 그날 주차봉사를 하고 있었던 사람이었을 것이다. 그곳에 주차하면 안 될 사정이 있었을 것이다. 그것을 주차하려는 그 여교우에게 이해기 가도록 설명해 줄 수는 없었을까? 나아가서 주차가 가능한 장소를 찾아서 안내해 줄 수는 없었을까? 안타까운 생각이 들었다. 봉사를 하면서 이런 조그만 배려를 소홀히 한다면 그에 따르는 결과는 의외로 더 크게 안 좋은 방향으로 나타날 수 있다고 생각해 보았다.

강도를 만나 상처를 입은 사람을 치료해주고, 거처를 마련해주고, 주인에게 돈까지 주면서 곤경에 처한 사람을 부탁했던 착한 사마리아인의 이야기가 다시 한 번 떠오른다.

아들과 보낸 밤

저녁에 잠을 자다 화장실에 가던 중 뒤로 넘어졌다. 다행이 이불 위에 넘어졌지만 혹시 머리를 다치지나 않았는지 걱정이 되었다. 별로 아프지 않은 것 같아서 그대로 잠은 잤지만 이튿날 아무래도 걱정이 되어서 병원 응급실에 갔다. CT와 X레이 촬영은 했지만 별다른 이상은 없다고 했다.

그 뒤에 50여 일이 지났다. 그동안 가끔씩 통증 비슷한 증세가 있어서 다시 병원에 가서 CT촬영을 해보았다. 의사 선생님이 CT 촬영을 잘했다고 하면서 머리에 약간의 출혈 흔적이 있다고 했다. 아무래도 아들에게 알려야 될 것 같아서 대학병원 교수로 있는 아들에게 전화를 했더니 서울 병원으로 빨리 오라고 했다. 대학병원 진료의뢰서와 CT영상물 복사본을 가지고 KTX편으로 저녁 10시반경 서울역에 닿았다. 학술세미나에 참석 중이던 아들이 아버지 때문에 세미나를 다 마치지 못하고 마중을 나왔다. 병원 응급실에서 입원에 따르는 몇 가지 검사를 하고 내일 신경외과 전문의에게 진료를 의뢰하기로 하고 링거를 꽂은 채 자정이 다되어서 입원실로 옮겼다.

입원비용을 생각해서 나는 일반병실 입원을 원했지만 아들은 1인실로 병실을 정했다고 했다.

병원 10층에 있는 1인실은 한강과 시내가 내려다보이는 강남 쪽의 매우 전망이 좋은 방이었다. 증세가 그렇게 심각하지 않은 것 같아서 아내 세실리아는 안 오고 혼자 올라왔지만 아들이 밤새 옆에서 간호를 해주었다. 76세의 나이에 아들과 함께 단둘이서 잠을 자보기는 내 기억으로는 처음인 것 같았다. 새벽 1시경에 불을 끄고 잠을 잤지만 온갖 생각이 떠올랐다. 평생을 살아오면서 처음으로 아들의 간호를 받으며 병실에 누워 있으니 고맙고 행복한 마음이 들었다. 이튿날 CT영상물을 보고 신경외과 선생님이 현 상태에서는 수술을 할 필요가 없고 내가 복용하고 있는 고혈압약 중에서 아스피린만 먹지 말라는 진단이 나왔다. 수술을 안 하는 것만이라도 얼마나 다행인지 모르겠다.

며느리와 딸들과 손자 손녀들이 한방 가득히 할아버지 병문안을 왔다. 얼마 전에 만났던 아이들을 또다시 만나니 사랑스럽고 반갑다.

점심 식사 후 KTX편으로 창원으로 향했다. 서울에서 따뜻한 남쪽 창원까지 기차 창밖에는 온통 흰 눈으로 덮인 풍경이다.

27년 만의 매서운 추위에 서울이 영하 16도 창원이 영하 8도의 날씨라고 한다. 내일부터는 날씨가 한결 따뜻해진다고 한다. 나 때문에 밤새 걱정을 하고 잠도 자지 못했다는 아내 세실리아가 반갑게 맞아 주었다. 아들과 함께 병실에서 보낸 하룻밤을 다시 한 번 떠올리며 하느님께 감사의 기도를 드린다.

가을의 문턱에서

지난 9월 순교자 대축일의 제2독서에서 '형제 여러분 하느님께서 우리 편인데 누가 우리를 대적하겠습니까? …… 무엇이 우리를 그리스도의 사랑에서 갈라놓을 수 있겠습니까? 환난입니까? 역경입니까? 박해입니까? 굶주림입니까? ……' 의 로마서의 말씀으로 삶의 힘을 얻었던 순교자 성월이 지나갔다.

저녁운동을 하는 이곳 스포츠센터 운동장 트랙 위에 낙엽으로 변한 벚나무 잎이 하나 둘씩 갈색으로 물들며 떨어져서 벌써 가을이 왔음을 실감하게 한다. 운동장 가에 놓인 화분의 노란 국화꽃이 더욱 가을의 정취를 느끼게 한다. 자연의 섭리는 너무나 오묘하다. 그렇게 무덥고 걷기조차 힘들었던 기억이 엊그저께 같은데 이제는 제법 서늘하기까지 하다. 걷는 사람들의 복장도 짧은 옷에서 긴 옷으로 바뀌었다.

이 가을의 문턱에 하느님 곁으로 가신 영혼이 있다. 10여 년을 사위와 딸의 병간호를 받으며 살아오셨던 95세의 안나 할머니다. 평소에 모실 마땅한 자녀가 없어서, 딸 아가다와 사위 요한이 자신들도 70을 바라보는 나이에 이 병원 저 병원으로 옮겨 다니며 어머니, 장모님을 모셨다. 장례식장에서 사도예절을 하였고 레지오 단원들의 연도가 이어졌다. 연도 오신 분들이 모두 그동안 어머니, 장모님을 모신다고 고생하였다는 인사를 하였다. 병마와 싸우고 고생하며 사셨던 안나 할머니, 이제는 이 세상의 생을 마감하고 천국에서 하느님의 가호를 받으며 편안히 사시기를 기도드립니다.

이제 막 찾아온 이 가을의 문턱을 지나면 매섭고 추운 겨울이 찾아올 것이다. 잠간 살다가 지나갈 이 세상의 생을 한 번 더 생각하며, 오늘도 나는 스포츠센터의 트랙을 따라 걸으며 다가올 추운 계절에 어렵게 살아갈 이들을 위하여 묵주기도를 바친다.

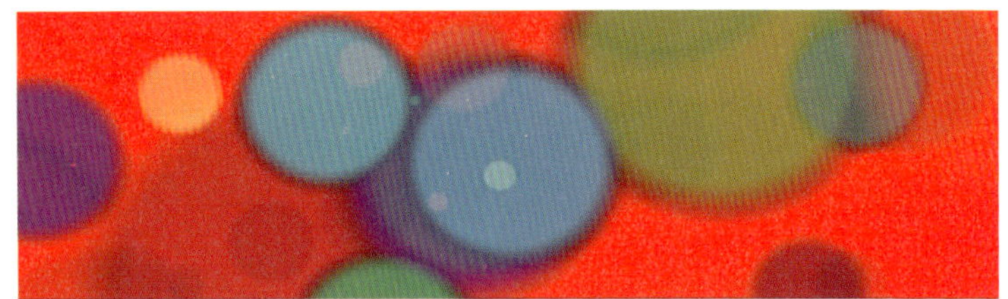

여름 4-무더위, 2006, 디지털페인팅, 160cm×50cm

나눔은 행복을 전파한다

우리들이 신앙생활을 통하여 가장 많이 듣는 말은 '사랑'과 '나눔'이라는 단어일 것이다. 우리 신자들의 대부분은 이런 사랑과 나눔의 생활에 자신의 삶의 방향을 맞추어 가려고 노력하고 있다.

미국 최대의 석유회사를 운영했던 록펠러는 98세까지 살았지만 53세 때 1년밖에 살지 못한다는 사형선고를 받았다. 마지막 검진을 위하여 병원에 입원했다. 이때 병원비가 없어 딸의 입원을 거절당하는 어머니의 애원하는 모습을 보고 아무도 모르게 병원비를 지불해 주었다. 소녀가 회복하는 모습을 보고 그의 자서전에 '나는 살면서 이렇게 행복한 삶이 있는지 몰랐다'고 고백했다. 그의 불치의 병은 씻은 듯이 사라졌다고 한다.

라디오 방송에서 고전해설을 담당하는 박재희 교수는 《논어》에 수기안인修己安人이라는 문장이 있는데 그 뜻은 '나의 수양과 행복을 통해 주변 사람들을 편안하고 행복하게 해준다.' 는 내용이라고 한다. 이는 또한 '나의 행복을 키워, 남의 행복을 만들어 내야 한다.' 는 내용이라고도 한다. 나의 행복은 결국 주변을 행복하게 만드는 힘이다. '내 행복을 주변에 전파하는 것, 나의 성공을 주변과 나누는 것' 이것이 '수기안인修己安人' 인 나의 행복을 통해 주변을 행복하게 해야 한다는 유교의 중요한 행복론이라고 한다.

록펠러나 논어 '수기안인修己安人' 에서 나의 행복이 주변을 행복하게 하고 편안하게 해준다는 것을 알 수 있다.

요사이 '자본주의 4.0' 이라는 말이 언론에 자주 보도된다. 자본주의 진화과정을 단계에 따라 숫자를 붙일 때 자유방임의 고전자본주의 1.0에서 1930년대 대공황 이후의 수정자본주의 2.0, 1970년대 시장의 자율을 강조한 신자유주의 3.0을 거쳐 시장의 기능을 존중하되 기업과 시장참여자의 사회적 책임과, 다 같이 행복한 성장을 중시하는 따뜻한 자본주의의 4.0 시대에 이르렀다고 한다.

우리의 기부문화도 많이 달라졌다고 한다. 2010년에는 우리나라 국민의 연간기부액이 10조 원을 돌파하여 우리나라에도 기부의 꽃이 피었다고 한다. 기부의 총액으로는 세계 최대 기부국인 미국의 24분의 1밖에 안 되지만 GDP(국내총생산) 대비 개인 기부액의 비중은 싱가포르, 뉴질랜드, 독일, 프랑스보다 높고 개인 기부액은 일본의 2~3배에 이른다고 한다. 우리 기부문화의 짧은 역사에도 불구하고 이렇게 기부문화의 꽃이 피고 있는 현실은 4.0자본주의 사회를 향해 달려갈 기초체력은 준비된 셈이라고 한다.

우리 교회 안에서도 행복을 전파하는 모임이 있다. 이 모임에서는 과거 연탄이 주 연료였을 때 어려운 이웃에게 리어카로 회원들이 연탄을 운반하여 주기도 했고, 외로운 노인에게 추운 겨울에 따뜻한 전기장판을 전하여주고 세탁기나 TV, 냉장고를 마련하여 주고 쌀이나 라면을 사서 전달해주고, 달마다 조그만 생활비를 전하여 주고 찾아가서 이야기를 나누며 삶의 용기를 불어넣어 주기도 한다. 또 어떤 모임에서는 교도소를 방문하여 갇힌 이들을 위로하고 회개와 새로운 삶을 살게 하는 용기를 주고 복음을 전하는 일을 한다. 이런 활동을 통하여 이웃에게 기쁨을 주고 자신도 행복을 전달 받는다.

사랑과 나눔은 우리 신앙생활의 기본이고 중심이다. 성경은 '너희는 내가 굶주렸을 때에 먹을 것을 주었고 내가 목말랐을 때 마실 것을 주었으며, 나그네였을 때에 따뜻이 맞아주었다. 또 내가 헐벗을 때 입을 것을 주었고, 내가 병들었을 때 돌보아 주었으며, 내가 감옥에 있을 때에 찾아주었다. 그러면 그 의인들이 이렇게 말할 것이다. 주님, 저희가 언제 주님께서 굶주리신 것을 보고 먹을 것 드렸고, 목마르신 것을 보고 마실 것을 드렸습니까? 언제 주님께서 나그네 되신 것을 보고 따뜻이 맞아드렸고, 헐벗으신 것을 보고 입을 것을 드렸습니까? 언제 주님께서 병드시거나 감옥에 계신 것을 보고 찾아뵈었습니까? 내가 진실로 너희에게 말한다. 너희가 내 형제들인 이 가장 작은 이들 가운데 한 사람에게 해준 것이 바로 나에게 해준 것이다.' (마태 25, 35~40) 라는 말씀으로 우리가 언제 어떻게 나누고, 왜 나누어야 할 것인가를 알려 준다.

굶주림과 병고에 시달리며 고통받는 사람들에게 나눔을 통하여 행복을 전파한 마더 테레사는 '세상에 당신이 갖고 있는 가장 좋은 것을 주십시오. 당신이 결국 그것이 당신과 그들 사이의 문제가 아니라, 당신과 하느님 사이의 문제라는 사실을 알게 될 것입니다.' 라고 말했다.

나누는 생활이 우리 주변에 더욱 널리 퍼져서 행복한 세상이 더 넓게 전파되기를 바란다.

성가정을 향하여

우리 가족이 천주교를 믿어온 역사를 떠올려 보면 어머님으로부터 손자들에 이르기까지 4대째가 되는 셈이다. 천주교 신앙은 우리 생활의 중심이다. 삶의 중요행사인 혼배나 장례, 제사 명절 때의 예식은 모두 천주교회 식으로 이루어진다. 가족이 모여 식사할 때는 손자인 도경이가 식사 전 기도를 바친다. 여행 중 주일 미사 참례를 못할 상황이면 가족이 모여 공소예절을 하고 손자들이 독서와 신자들의 기도를 바친다. 어려서부터 신심을 키우기 위한 어른들의 배려다.

신앙에 바탕을 둔 우리 가족의 삶이 2012년 1월 1일자 교구보인 〈가톨릭 마산 1974호〉에 소개되었다. 글을 쓰신 분은 수필가 황광지 카타리나 씨이다. 아래에 그 글을 싣는다. 아직 부족한 점이 많지만 우리 가족은 성가정을 이룩하기 위하여 부단히 노력한다.

자나 깨나 기도로 성가정을 이루려는 가족

성가정 축일을 앞두고 김종립 미카엘(74세)·박옥순 체칠리아(65세) 부부를 방문한다. 현관에 들어서니 성가정상이 손님을 반긴다. 거실에는 대림환을 비롯해 말끔하게 자리한 여러 가지 성물들이 이 가정의 면모를 말해주는 듯하다. 모두 파티마병원 봉사활동 상품으로 받은 것이라고 한다.

김종립 형제가 2000년 창북중학교 교장으로 40년 교직생활을 끝내고부터 두 부부가 10년이 넘도록 파티마병원에서 봉사하는 동안 집안에 성물이 넘치고 있어, 때때로 자녀들 집으로도 보내는 즐거움도 누린다.

김종립 형제는 신심이 깊고 측은지심이 많은 어머니의 영향을 많이 받았다고 한다. 1957년 고성 성당에서 세례를 받은 이래 한결같이 주님의 울타리 안에서 열성으로 살아갈 수 있는 것도 어머니에게서 전해진 힘이다.

박옥순 자매 또한 1966년 창녕 성당에서 관면혼배를 하고 곧 세례를 받아 남편보다 더 착실한 신앙생활을 할 수 있었던 것이 시어머님 덕분이라고 서슴지 않고 말한다. 그러니 부부는 가정을 올곧게 가꾸는데 흐트러짐이 없이 하려고 애썼다.

어머니에서 내려온 신앙이 자녀들의 사돈에 이르기까지 전파되어 그들과 인연을 맺고 있는 사람들은 거의 주님의 자녀로 거듭 태어나게 인도했다. 이 부부가 성가정으로 가정을 가지런히 가꾸며 살아온 흔적들이 여실히 보인다. 사진 속에 웃고 있는 자녀들과 손자들의 모습이 평화롭다. 세속적으로도 남부러울 만큼 자리에 오른 자녀들이지만, 부부는 자손들이 하느님의 자녀답게 신실하게 살아가도록 간절히 기도한다. 의사인 아들이나 간호학을 공부한 딸도 그리스도 정신으로 병자들을 대하라는 부모의 가르침을 잘 따르며 살고 있어 자랑스럽다.

김종립 형제는 진해 중앙동 성당과 완월동 성당에서 레지오, 주일학교장, 사목협의회 활동을 꾸준히 했으며, 1990년 중동 성당으로 옮겼다. 그는 어려운 사람을 돕는 일에 앞장섰던 모친의 삶을 본받아 빈첸시오회를 창립하고 요셉회도 만들어 각각 초대회장을 역임했다. '창조주의 어머니' 쁘레시디움에서 활동하며 신심의 깊이를 더하고 묵주기도를 열심히 바친다.

박옥순 자매는 한 주에 500단 정도의 묵주기도를 바치는 남편을 자신은 도저히 따라갈 수가 없다고 칭찬을 아끼지 않는다. 남편에 못지않게 박옥순 자매의 이력도 화려하다. 레지오 단장은 물론 복지부장, 여성부회장을 다 거쳐서 또 구역장을 맡아 있다. 순명하는 정신으로 받아들이다 보니 일일이 셀 수 없는 직함들이 주어졌다. 시메온학교 봉사, 복지시설 봉사활동에도 누구보다 먼저 팔을 걷는 그다. 그러나 활동으로 무뎌질 수 있는 신심을 키우기 위해 언제나 기도의 긴장을 늦추지 않는다. 프란치스코 재속회를 통해서

'천사들의 모후' 쁘레시디움을 통해서 기도하고 단련한다.

"나는 확신합니다. 죽음도, 삶도, 천사도, 권세도, 현재의 것도, 미래의 것도, 권능도, 저 높은 곳도, 저 깊은 곳도, 그 밖의 어떠한 피조물도 우리 주 그리스도 예수님에게서 드러난 하느님의 사랑에서 우리를 떼어 놓을 수 없습니다."(로마 8. 38~39)라는 말씀을 접할 때마다 김종립 형제는 전율을 느낀단다. 힘을 주는 구절이라서 자신이 쓰는 글의 테마로 늘 염두에 두고 있는 말씀이라고 한다.

그는 퇴직 후에 문학을 공부하여 수필가로 등난했지만, 지금도 여전히 평생교육원 문예창작반에서 공부를 계속하고 있다. 박옥순 자매는 두 시어머니를 모시고 살았다. 남편이 양자를 든 바람에 어머니까지 함께 모시고, 두 분 모두 임종까지 뒷바라지했다. 만만치 않은 그 과정에서 자신이 죄인이라는 생각에 사로잡힐 때가 많았다. 잘 모시려고 했지만 몸은 뜻대로 되지 않았다. 가슴을 치며 성사를 보면 신부님이 용기를 갖게 했고, "너희 가운데 죄 없는 자가 먼저 저 여자에게 돌을 져라."(요한 8. 7)는 구절을 읽으면서 용기를 가지게 되었다고 한다. 각각 자신에게 힘이 되는 성경말씀을 들려주는 부부의 이야기가 참으로 진솔하다. 옛일을 떠올리는 아내에게 "참 수고 많았다"는 말로 다독거리는 남편의 자상함이 돋보인다.

그들은 누누이 말한다. 모친 김안나에서 나온 신앙이 자신들에게서 잘 가꾸어져, 2녀 1남 자녀 엘리사벳과 마르첼리노와 도미니카에게 전해졌고, 자녀들의 배우자 프란치스코와 마르첼리나와 그 사돈들에게까지 씨가 뿌려지고, 또 손자들에게 이어져 4대를 흐르는 이 은총이 감사할 뿐이란다. '성가정' 이라고 말하기는 부끄러운 점이 많지만, 성가정을 이루려는 노력만은 게을리하지 않았다는 그들이다. 멀리 떨어져 사는 자녀들이라 기도 속에서 함께하려는 노력을 늦추지 않는다는 부부의 눈빛에 사랑이 담긴다.

일기예보와 부모 마음

올봄에 안동에서 교편을 잡던 큰 딸아이가 목포 가톨릭대학 간호학과 교수로 자리를 옮겼다. 광주 조선대학교에 있는 남편 가까이로 직장을 옮긴 것이다. 올 2월에 박사학위를 받은 것이 직장을 옮기는 계기가 된 것이다.

무려 17년간의 세월 속에 두 부부는 안동과 광주를 오가며 살아왔다. 그간의 어려움과 불편함과 아이들 교육문제를 어찌 말로나 글로써 표현할 수 있을까?

아침에 신문이나 방송에서 전해지는 일기예보는 우리 부부에게 그날의 큰 관심과 걱정거리가 되었다. 강원도 영동의 기후와 비슷한 안동의 날씨는 겨울에는 다른 지역보다 춥고 눈도 많이 내린다.

눈 오는데 학교에 출근은 어찌했으며, 얼마나 추울까?

이제 일기예보의 관심은 서울 → 광주 → 목포 → 창원으로 이어지는 순서로 바뀌었다. 비가 오는가? 눈이 오는가? 기온은 얼마나 되는가?

그러나 그보다 더 큰 문제는 광주에서 목포까지 출퇴근을 해야 할 딸아이의 사정이었다. 광주에서 목포까지 손수 운전해야 할 형편을 생각할 때 우리 부부에게는 또 다른 걱정거리 가 생긴 셈이다. 통근 버스나 있으면 좋을 것을, 그래서 생각난 것이 과거 경남도 교육청에 근무했을 때의 내 경험이었다. 좀 큰 기관마다 우리 교우 단체가 조직되어 있다. 그래서 광주교구청에 알아보기로 했다. 다행히 전남도청이 목포 가까이 있고, 광주서 도청까지는 통근 버스가 운행되고 그 버스에 목포 근처의 직장인들이 통근한다는 사실을 전남도청 교우회장으로부터 알았다. 딸아이와 교우회장의 연락으로 그날 저녁 퇴근부터 통근버스를 이용하게 되었다. 딸의 승용차는 도청에 세워두고 도청에서 몇 분 거리의 학교까지는 승용차를 이용하기로 했다는 것이다. 딸의 이동 소식이 전해지고, 우리는 감사의 미사를 봉헌했다.

주님의 수난을 묵상하는 사순시기에 접어들었다. 우리 성당에서는 매주 금요일 미사 후에 십자가의 길을 바친다. 미사 후 십자가의 길 다음에 레지오로 이어지는 것이 요즈음 금요일의 내 일정이다. 십자가의 길을 바치면서 17년간의 세월을 어렵게 살아온 딸아이 내외를 생각한다. 아무리 어렵게 살아온 세월이라도 주님의 수

난과 비교할 수 있을까? 우리 부부는 딸아이 내외에게 한 번 더 부탁한다. 아무리 어렵고 고단하더라도 주일 미사에 빠지지 말고, 거기서도 가족이 포콜라레 모임에 빠짐없이 나가라고.

| 제 5 부 |

가족 글 마당

전남 무안 백련지 연꽃축제장에서(2014)

감사의 시간들

아내 **박옥순**

남편이 정년퇴직을 하고 파티마병원과 수녀원 노인대학 봉사를 하면서 경남대학교 평생교육원 수필반에서 공부를 했다.

작품 하나 완성하기가 쉬운 일은 아니었다. 제목을 정하고 글을 쓰고, 다듬는 과정을 지켜보면서 수필쓰기가 쉬운 일이 아니라고 생각했다. 무슨 일이든지 시작하면 꾸준하게 열심히 하는 모습은 본받고 싶다.

삼 남매가 어느덧 사십 대 중년의 나이에 접어들었다. 살아온 세월이 너무나 빠르게 흘러갔다는 것을 다시금 느끼게 한다. 빠듯한 공무원 형편에 아이 셋을 서울에 있는 대학에 공부시키면서 고생도 많이 했다. 그래도 지나고 보니 그때가 너무 행복했던 것 같다.

큰아이가 가톨릭의대 간호학과에 다닐 때 명동성당 구내에 있는 수녀원에서 운영하는 기숙사에서 학교에 다녔다. 아들도 큰아이와 같은 의대에 진학하면서 두 아이가 간호학과와 의학과에서 공부를 하게 되어 학교에 근무하시는 신부님과 수녀님으로부터 남매를 잘 키웠다는 칭찬을 받기도 했다. 나는 항상 주님을 닮은 간호사와 의사가 되기를 기도 드렸다.

막내가 서울법대 입학식을 하는 날 시어머님이 같이 가셔서 79세의 연세에 서울대학을 처음 구경하신다고 얼마나 좋아하셨는지, 지금도 그 모습이 눈에 선하다.

삼 남매는 동작구 사당동에서 자취를 하면서 열심히 자기 일들을 잘했다. 막내가 사법고시 2차 시험을 볼 때 신림동 고시촌에서 3박 4일을 같이 생활하면서 마음 조이며 간절한 기도를 바쳤던 생각이 떠오른다. 아들이 수련의 시절 막내가 공부할 때 자기 월급통장을 동생에게 완전히 맡기기도 하였다.

큰아이가 안동과학대학에 교수로 근무하면서 가톨릭대학의 간호학 석 · 박사 과정을 마쳤다. 그때 사위는 광주 조선대학에 근무를 했고 딸 내외는 광주와 안동을 오가며 살았다. 올봄에 늦게 큰아이가 박사 학위를 받고 목포 가톨릭대학으로 자리를 옮겼다.

17년 만에 가족이 모여 살게 되어 늘 걱정하던 마음이 좀 편하게 되었다. 올해 고3인 외손자가 원하는 대학에 들어가기를 간절히 기도드리고, 내년에 중학생이 되는 외손녀 산하도 건강하고 착한 중학생이 되도록 기도드린다.

지금 생각하니 나에게 가장 보람된 일은 남편과 결혼하면서 천주교 신자가 되었다는 사실이다. 나는 부모님이 불교를 믿는 집안이었으나 남편과 결혼하면서 성당에 나가게 되었다. 50여 년간의 신앙생활을 통하여 천주교 신앙은 나의 삶의 뿌리가 되었다. 지금도 한 번씩 바라보는 액자 속 앳된 모습의 혼배사진은 지난날의 기억을 떠올리게 한다.

삼 남매는 다 유아세례를 받았다. 사위와 며느리도 교우 집안에서 맞아들였다. 올 6월에 손자 도경이가 서울 서초4동 성당에서 첫 영성체를 하였다. 준비 과정은 3학년생인 아이에게는 좀 힘든 과정이었다. 아침미사에 20회 참례해야 하고, 마르코복음서를 성당에서 주는 노트에 써야 하고, 주요 기도문도 외워야 했다. 집에서 챙겨주고 지도해준 며느리에게 고마운 마음을 전한다. 요사이는 도경이에게 가족이 모여 식사할 때 항상 식사 전후의 기도를 주관하여 바치게 한다.

손자가 첫 영성체 후 느낌을 쓴 글이 서초4동 성당 주보에 실렸다. 그 글을 옮겨본다.

> 성체를 모시기 전에는 떨렸다. 하지만 괜찮았다. 맛은 예수님의 사랑 맛이었고, 느낌은 예수님이 내 안에 오신 느낌이었다. 그리고 다른 사람을 사랑하고 도와줘야겠다는 느낌이 들었다.
>
> — 2014년 6월 22일 김도경 바오로

아들이 미국 유학 중에 태어난 손녀 나연이는 영어유치원에 열심히 잘 다니고 나날이 가족들에게 웃음을 선사하는 귀여움을 독차지하고 있다.

요사이 나는 우리 성당의 시메온학교에서 성경공부도 하고, 복지센터에서 한국무용, 민요장구를 배우고, 가곡교실에서는 아름다운 우리 가곡을 부부가 같이 배우고 있다. 주위의 조그만 텃밭에 고추, 오이, 상추, 가지 등을 가꾸는 재미를 맛보고, 열대어(구피)도 기르고, 정성 들여 꽃도 가꾼다.

남편은 처음에는 나의 이런 취미 생활에 무관심하였으나 지금은 텃밭도 손보고, 열대어 먹이도 주고, 화초도 돌본다.

나는 기도를 바칠 때 항상 감사의 기도를 먼저 바친다. 현재의 나를 있게 해주신 주님과 부모님, 남편과 주위의 모든 분들께 감사의 기도를 바친다.

아버지를 닮은 맏이

장녀 **김민아**

지금도 기억나는 어린 시절, 친척들과 이웃 어른들로부터 제일 많이 들었던 말이 '아빠랑 똑같구나! 아버지 닮은 딸이 잘산다더라' 였다. 그때는 나 자신은 그 말에 동의가 되지 않았었고, 나는 여자인데… 남자인 아빠를 닮았다고 하실까? 듣고 싶거나 기분 좋은 말은 아니었다. 하지만 오십을 앞두고 내가 낳은 아들, 딸을 키우면서 살다보니 이제는 '옛날 어른들의 말씀이 맞구나' 라고 나 자신도 동의한다. 아들과 딸을 낳고 키우면서 문득문득 아들이 책상 정리, 냉장고 정리에 몰두하거나 딸아이가 덜렁거리면서 여기저기 부딪혀서 멍이 드는 모습을 보면 깜짝깜짝 놀라게 된다. 유전자의 신비함을 느끼게 된다.

외모뿐만 아니라 성격도 어머니보다는 아버지를 많이 닮았다.

삶의 여정, 운명이나 팔자도 비슷하다고 느끼는 순간들도 있다. 제일 많이 닮은 것은 미리미리 계획하고 전체를 파악하려고 노력한다는 점이다. 아버지도 항상 일이 생기기 전에 그 일들의 결과까지도 생각하고 예측하셔서 삶의 어려움으로부터 가족들을 보호하여 주셨다. 간혹 주위로부터 '너무 급하다, 기다리면서 천천히 해결해도 된다.' 는 말을 듣게도 된다. 피 속에 흐르는 DNA의 위대함이란…. 어려서부터 운동능력에서 어려움이 많았으나, 학습하고 요점과 핵심을 파악하고 논리적으로 구성하고 시험을 통과하는 일에는 큰 어려움이 없이 수월하게 지낼 수 있었던 것도, 새롭고 창의적인 것에 남다른 열정과 관심을 갖게 되는 것도, 아버지로부터의 영향이다.

제일 기억나는 장면은 아버지랑 여행 중이었는데 생달걀을 사주셨던 일이다. 어릴 때 소고기를 먹으면 소의 얼굴이 생각나 불쌍하다는 마음이 들어 고기를 먹기 싫어했던 나는, 지금 생각하면 단백질 섭취를 위하여 귀한 달걀을 사주시면서 먹고 여행하자는 아버지의 제안이 그 당시에는 싫었다. 젓가락으로 달걀 끝을 톡톡 쳐서 달걀의 위아래에 구멍을 낸 후 입으로 빨아서 달걀을 먹으라고 주셨는데, 어린 나는 단백질의 필요성도 달걀의 귀함도 몰랐었기에 삼키기가 힘들어서 옷에 달걀이 다 묻어 버렸다. 빨간 체크무늬의 티셔츠가 노란 달걀로 물들었었다. 아버지께 죄송하고 삼키지 못했던 달걀이 옷에 묻어 찝찝했던 기억이 지금도 생생하다. 그런데 이렇게 남에게 좋은 결과가 예상되면 남의 의견에 상관없이 해주려고 하는 점도 아버지를 닮은 나의 모습이다. 대학생이 되어서 아버지는 '우리 민아가 제일 예쁘더라, 서울 명동에 가도 우리 민아만 한 아가씨는 없더라.' 고 말하셨다. 그때는 농담이신 줄 알았는데, 어느 순간 나도 아들 진형이와 딸 산하에게 똑같은 말을 하고 있었다. '

"진형아, 너는 잘생겨서 뭘 입어도 멋져."

"산하야, 네가 제일 예쁘다. 엄마 눈에는."

모든 것 위에 자식을 우선으로 두시고 학교에 가져가야 하는 돈이 있으면 항상 제일 먼저, 그것도 신권으로 정성스럽게 준비해 주신 분이 아버지셨다.

한번뿐인 삶을 마무리 정리하시면서 책을 쓰시는 아버지의 모습은 너무 빨리 마지막을 생각하신다는 서운함과 성실하시고 의미있는 삶의 정리가 위대하다는 두 가지 생각이 든다. 자식들에게 피해가 될까 당뇨 진단 이후 걷기 운동을 하루도 빠지지 않고 전념하시고, 묵주기도를 꾸준하고 성실하게 하시면서 성당에서 봉사활동을 통하여 매일의 삶을 수도자들의 삶처럼 규칙적으로 항상 기쁘게 살아가시는 아버지의 모습이 나의 30년 후의 모습이 되기를 아버지를 닮은 첫째 딸이 생각하고 소망해 본다.

(목포가톨릭대학교 간호학과 교수)

우리 가족 10년, 20년

사위 **김일태**

아내와 막내딸을 광주로 데려오려는 심산으로 카페를 시작한 지 3개월이 되었다. 주변에서는 카페 창업에 대한 우려를 표하면서 말렸었다.

2014년 1학기 조선대 창업강의를 담당했던 내가 학생들에게 제안한 마지막 과제는 '10년 후 그리고 20년 후 나의 모습' 이었다. 다양한 의견들이 제출되었는데 대부분 '자신들의 미래를 구체적으로 생각한 적이 없었지만 이번 과제를 통해 자신의 미래를 생각하고 설계할 수 있는 좋은 기회였다' 는 내용이었다.

올해 초 장인어른의 수필집 출판을 앞두고 가족들의 글을 모아서 같이 싣기로 하였다. 장인어른에 대한 글쓰기는 결혼 20년이 된 우리 부부와 우리 가족의 과거 10년과 20년 그리고 앞으로의

10년, 20년 후를 생각하게 하고 아내와 가족, 처가를 생각하게 하는 뜻깊은 기회가 되었다.

20년간 많은 다른 구석들을 맞추어 가는 우리 부부와 가족들은 각자 개성이 뚜렷해서 서로간 차이점들이 많지만 그럼에도 불구하고 가족 구성원들이 서로의 빈곳을 채워주면서 살아가고 있다.

아내는 육식보다는 과일을, 차가운 것보다 따뜻한 것을 좋아하고, 매운 것을 싫어하는 나와는 반대로 매운 것을 좋아하고, 쉼 없이 움직이는 나에게 항상 휴식을 권한다. 이러한 아내는 부지런한 나의 움직임도 지나치면 오히려 인생에서 해가 된다고 늘 염려해주고 있다.

항상 신중한 아들은 속도는 느리지만 나름대로 개성과 가치관을 가지고 있는데, 올해 19세로 주민등록증을 발급받아 드디어 성인이 되었다. 2년 전 이사한 광주 봉선동의 2층 주택도 아들의 신중한 의견 덕분에 어렵게 구했지만 우리 4가족의 평안한 안식처가 되었다. 아들 녀석은 곧 대학입시가 시작되는데 좋은 결과와 밝은 미래를 기대해 본다.

그리고 덜렁대지만 성격 좋은 막내딸은 지난 주말에 입양한 '두부' 라는 이름을 부여받은 애견 래브라도 리트리버 종이 가지는 특성처럼 주변사람들을 좋아하고 친구들을 배려하고 지켜주는 모성애가 강한 여성이 되어가고 있다.

이렇게 결혼 생활과 가족부양 20년에 아이들이 성인이 되어 가면서 나도 나이가 올해로 50이 되었다. 어떻게 생각하면 나이가 든 것 같기도 하지만 고향 부모님이나 창원 어른들을 생각하면 아직도 부족한 점이 많기만 하다.

경제적인 어려움이 있으시지만 항상 여유와 낭만을 가지시는 어머니와 아버지를 생각하면 바쁜 생활에 지쳐가는 나 자신이 부끄럽게 느껴진다.

한편 아내와 처남, 처제까지 자식농사에 많은 관심을 가지시면서 주님을 섬기며 앞날을 항상 준비하시고 가족들을 먼저 챙기시는 장인 장모님을 생각할 때면 부족한 나의 가족 챙기기가 반성되기도 한다.

미래를 정확히 예견하고, 뜻대로 이루는 것이 쉬운 일은 아니지만, 창원의 장인 장모님처럼 미리 준비하고 부단히 움직인다면 크게 벗어남이 없이 희망하고 의지한 대로 이루어질 것이라 믿는다. 그것이 하느님이 만드신 순리고 진실이라고 믿는다. –봄이 되면 새싹이 나고 여름이면 꽃이 열매가 되는 자연의 섭리처럼–

그래서 10년 전 20년 전, 그리고 지금과 10년, 20년 후 미래에 대해 항상 행복했고, 행복하며, 행복할 것이라 믿는다. 내가 나를 믿고, 가족을 믿고, 자연의 순리와 주님의 말씀을 믿기 때문에….

— 쏟아붓는 햇살에 시원한 소나기 내리는 여름날 사위 김일태 씀

(조선대학교 미술대학 만화애니메이션학과 교수)

청춘극장과 수첩

아들 **김영민**

아버지께서 기다리시던 수필집을 내신다고 하신다. 오래전부터 글쓰기에 남다른 애정을 가지시고 정년 이후에는 꾸준히 글을 써 오셨던 아버지의 노력이 이제야 결실을 맺는 것 같아 기쁘다. 가족들의 글을 함께 실었으면 하셔서 갑작스레 아버지에 관한 글을 쓰려고 하니 무얼 써야 하나 고민하다가 몇 개월이 흘러버렸다.

지난 몇 개월 아버지에 관한 추억을 떠올리는 동안 문득 나의 눈에 들어온 것이 거실 책장 한구석에 꽂힌 작은 책 하나였다. 《청춘극장青春劇場 · I》. 세월의 흔적을 말해주듯 책 옆면은 갈색으로 바랬고 요즘은 좀처럼 보기 힘든 세로 방향으로 글이 편집된 낡은 장편 소설의 첫 권으로 언젠가 아버지께서 자신의 젊은 날을 회상하시며 내게 주신 책이다. 전후 세대인 나로서는 상상하기 힘든 전쟁과 가족의 해체, 그리고 가난이라는 인생의 고난들을 겪으셨던 아버님 세대분들을 열광하게 했던 인기 소설로, 소설 속 주인공의 이름을 하나뿐인 아들의 이름으로 지으신 아버지에게도 특별한 추억이 깃든 책이었으리라 생각된다.

그렇게 아버지로부터 인생이라는 극장 무대에 주인공 역할을 부여받고 태어난 나는 아버지께서 중학교 교사 시절 학교 단체영화 관람을 담당하시면서 초등학교 고학년인 자녀들을 영화관에 함께 데리고 가신 덕분에 조금 일찍 영화에 노출되게 되었고 소도시에서 자랐지만 간접적으로 넓은 세상과 다양한 인생의 모습을 꿈꾸며 성장할 수 있었다. 그리 여유롭지 못했던 공립학교 교사의 가정에서 자라 부모님께 공부 외에 자기가 좋아하는 것을 해보겠다고 감히 말하지 못하며 자랐던 내가 의학이라는 학문을 가르치고 연구하면서도 미술, 영화에 특별한 애정을 가질 수 있게 된 데에는 아버지의 숨은 공헌이 있지 않았나 생각해본다.

내 기억 속 아버지에 관한 추억과 소품들이 많이 있지만 그 가운데 오랫동안 남아 있는 것은 아마도 1986년 겨울 아버지의 수첩이 아닐까 한다. 아버지께서는 매년 초 새로 마련하신 수첩에 특유의 필체로 주소록과 중요한 가족정보들을 정리하셨고 본인과 가족의 중요한 일들을 그 수첩들에 꼼꼼하게 기록해 오셨다. 지금도 부모님 댁에 내려가면 아버지 서재의 책장 한구석에는 그동안 모아오신 낡은 수첩들이 가득 쌓여 있는 것을 볼 수 있는데, 아마도 우리 가족과 아버지의 인생이 담긴 기록서가 아닐까 생각이 든다.

그 해 겨울, 학력고사를 마친 후 예상보다 좋은 성적을 얻지 못해 좌절에 빠져 있었던 나를 아버지께서 조용히 불러 어디에서 발췌하셨는지 정확히 알 수 없지만 수첩에 적어 두신 다음과 같은 짧은 글을 보여주시며 나를 격려해주셨다. '신은 사랑하는 사람에게 더 가혹한 시련을 주신다'. 독실한 천주교 가정에서 태어나 어려서부터 종교를 일상의 일부로 여기며 살아온 아들이 부모를 떠나 넓은 세계로 떠나려는 시점에 늘 자식에 대한 기대가 많으시던 아버지가 인생의 스승으로 던져 주신 이 짧은 글은 내가 서울이라는 제2의 고향에서 독립적인 삶을 시작하는데 보이지 않는 힘이 되었다. 상경한 후 한동안 종교생활을 제대로 하지 않고 의학과 예술에 빠져 청춘을 보내는 동안 크고 작은 시련에 부닥칠 때마다 떠올리며 멀리 떨어져 계시지만 아버지의 애정을 되새기게 하는 글이었다.

아버지의 청춘도 어느덧 황혼기로 접어들고 있다. 과거 엄격하시고 풍채가 있으시던 모습은 변하셨으나 자식과 가정에 대한 애정과 무언가를 꾸준히 노력하시는 모습은 여전하시다. 그런 모습을 보고 자란 우리 자녀들과 손자, 손녀들이 저마다 그들의 '청춘극장'에서 주인공으로서 신이 주신 시련을 슬기롭게 이겨내며 인생의 가치를 느끼고 나누면서 살아가는 것이 아버지의 은혜에 미약하나마 보답할 수 있는 일이라 생각한다.

(가톨릭대학교 서울성모병원 응급의학과 교수)

아들의 첫 영성체

며느리 **이승연**

지난 6월, 큰아이가 첫 영성체를 모셨다. 본당마다 첫 영성체를 모시는 절차가 조금씩 다르겠지만 우리 본당은 첫 영성체 교리를 듣기 위해 마르코복음을 필사해야 하고, 약 4개월 동안 주일미사 후 한 시간 반씩 교리를 듣고, 성지순례, 기도문 암기, 새벽미사, 신부님 찰고까지 모두 통과를 해야 첫 영성체를 모실 수 있다. 첫 영성체에 대한 안내를 받았을 때 과연 10살짜리 장난꾸러기 남자아이가 이 힘든 과정을 해낼 수 있을까 걱정이 되었다. 그러나 교리 선생님, 수녀님 그리고 형님(큰시누이)께서 아이가 첫 영성체 준비를 하는 기간 동안 누구보다도 엄마가 큰 축복을 받을 것이고 성령께서 도와주실 것이니 걱정 말라며 용기를 주셨다.

새해가 시작되면서 큰아이의 마르코복음 필사도 함께 시작되었다. 처음에는 혼자 성경을 보면서 몇 줄 적어보더니 진도가 나가지 않는다며 엄마에게 도움을 청했다. 나 또한 안쓰러운 마음에 성경을 한 구절씩 읽어주고 아이가 받아 적기로 했다. 엄마가 성경을 읽어주니 아이가 옮겨 적으면서 궁금한 내용을 물어볼 수 있어 좋았고, 작은아이 또한 귓전으로 성경 내용을 들어 오빠가 필사를 끝내는 시점에는 몇몇 성인들의 이름을 외울 수 있었다. 무사히 필사를 끝내고 나서 주일 미사참례를 하거나 교리를 듣는 과정은 생각보다 어렵지 않았다. 조금 꾀가 나는 날도 있었으나 아이나 나나 확실한 동기가 있어서인지 그런 마음을 금세 훌훌 털어버렸다.

그러나 또 다른 복병인 새벽미사 20회 참례가 있었다. 주위 신자가 아닌 분들은 "애들을 어떻게 새벽에 깨워서 미사에 참례해?"라며 질문을 했지만 선배 어머니들이 "모두 다 하느님께서 도와 주실 거야."라며 말씀하셨다. 나는 '이왕 새벽미사에 가는 것 아이가 친구들과 함께 가면 마음도 즐겁고 책임감도 생기겠지…' 라고 생각하며 같은 단지에 사는 친구 두 명과 함께 매일 새벽미사에 참례했다. 서로 어디서 만나자며 문자를 주고받으니 모닝콜 역할도 되고 성당에 오가는 길이 즐겁게 스무 날을 보냈다. 학기 중에도 신부님께 찰고를 받기 위해 기도문을 외우느라 학교에 기도문을 들고 가기도 하고, 학교 시험 준비보다 미사참례에 더 신경을 썼던 행복한 시간이었다.

첫 영성체 날… 아이는 첫 영성체 의식을 준비하기 위해 아침 일찍 성당에 갔고, 나머지 가족들은 미사 시간에 맞춰 성당에 도착했다. 성전에 들어가보니 천사 같은 52명의 아이들이 연습을 마치고 미사 시작을 기다리고 있었다. 미사 중간에 아이가 처음으로 하느님의 성체를 받아 모시는 모습을 보니 힘든 과정을 무사히 마친 아이가 대견스러웠고 사랑스러웠다. 마음속으로 '하느님 감사합니다' 라는 말도 절로 떠올랐다. 미사가 끝나고 이동하면서 아이에게 영성체 모시며 어떤 기도를 했냐고 물어봤더니 "남북통일, 세월호 희생자들의 평화와 안식, 또한 본인이 생명을 보호하는 일을 하는 사람이 되는 꿈을 이루어지게 해달라고 기도했어요."라고 말했다. 어린아이가 어떻게 그런 생각을 했는지 놀라웠다.

정말 주위 분들의 말씀과 같이 아이의 첫 영성체를 통해 나와 우리 가족이 축복을 받았는지 바쁜 일정 때문에 일요일에도 일을 하느라 주일 미사에 참례하지 못할 때가 종종 있었던 남편도 이제는 근무가 아닌 이상 주일 미사에 꼭 참례를 하고, 나도 성경 말씀에 더 귀 기울이게 되는 계기가 된 것 같다. 사실 이 모든 과정이 매일 자녀들과 손자들을 위해 기도해 주시는 양가 부모님들의 기도 덕분인 것도 잘 알고 있다. 아이의 첫 영성체를 통해 느꼈던 이 감정들을 마음속 깊이 간직하고 부끄럽지 않은 신앙인으로 생활해야겠다.

(전 LG CNS 근무)

모범생 DNA와 보헤미안의 꿈

차녀 **김현아**

아버지로부터 당신의 수필집에 실을 글을 부탁받은 후, 나는 아버지에 대해, 그리고 나에 대해 그 어느 때보다 차분히 오랫동안 생각할 기회를 갖게 되었다. 아버지는 깔끔한 성격에 매사에 철두철미하고 꼼꼼하신 분이어서 많은 사람들이 어려워하는 분이지만, 자식들을 세상 무엇보다 가장 중요하게 생각하는 분이시기에 내게는 언제나 자상하고 무엇이든 기꺼이 내어 주시고 도와주시는 분이다. 아버지와 나의 관계에 대해 생각하면서 나는 내 인생을 설명하는 키워드와 내 인생의 방향이 결정된 몇몇 순간을 마주하게 되었는데, 아울러 그 결정적 순간마다 아버지가 누구보다 중요한 역할을 하셨다는 것 역시 깨닫게 되었다.

제일 처음 떠오르는 결정적 순간은 중학교 시절의 일이다. 어쩌면 터무니없이 모호하고 과장된 기억이지만, 내게는 이상하리만치 가장 뚜렷한 기억으로 남아 있고, 시간이 지날수록 나는 그날이 내 인생의 길을 결정하였다고 확신하게 되었다.

어린 시절 나는 동네 아이들과 어울려서 저녁 늦게까지 바깥에서 숨바꼭질, 고무줄놀이, 공기놀이 등에 열중했던 개구쟁이였다. 중학교에 들어가서도 마냥 친구들과 놀기를 좋아했었고, 초등학교 3학년 즈음부터 배우기 시작한 피아노도 계속 배우고 있었다. 지금까지도 컴퓨터 문서작업을 소위 독수리 타법으로 하는 것처럼 피아노 역시 나는 선생님이 가르쳐 주시는 대로 손가락을 움직이는 것이 아니라 내 나름의 엉터리 방식대로 소리를 흉내 내었다. 내가 피아노 자체에 소질이 있었거나 열정이 있었던 것은 분명 아니었지만, 클래식 음악의 아름다움을 접하는 것에는 매우 만족하였던 것 같다.

중학교에 들어간 후 첫 시험 성적표를 받았던 날이었다. 내 성적은 중학교 수학 선생님이셨던 아버지의 기대에 크게 미치지 못했었다. 아버지는 일찍 귀가하셔서 저녁식사를 하시기 전에 세수를 하시면서 어머니와 내 성적에 대해서 이야기를 나누셨는데, 갑자기 어머니께 "애가 성적이 이 모양인데 피아노는 무슨 피아노야!" 라고 버럭 화를 내시면서 세숫대야를 뒤엎어 버리셨다. 그날 세숫대야가 뒤집어지면서 났던 쨍그랑 하는 소리는 이상하리만치 선명하게 내 기억에 각인되었다. 물론 우리 부모님도 여느 집처럼 소소

한 일들로 자주 다투셨기 때문에 그날의 사건이 아주 특이한 것은 분명 아니었을 것이다. 하지만, 세상 어떤 것보다도 자식들의 교육을 가장 중요하게 생각하는 아버지를 둔 십대 소녀에게 내 성적 때문에 아버지가 실망하시고 어머니와 다투신다는 것은 상당히 심각한 일이었다. 그날 이후 나는 피아노를 그만두었고, 동네에서 무슨 놀이든 제일 잘해서 소위 깍두기로 이름을 날렸던 자유분방한 막내둥이에서 학업에 열정하는 모범생으로 변신하였다. 막내들이 흔히 그러하듯이, 나 역시 막내에게까지 미치지 않는 부모님의 애정과 관심을 갈구하였고, 아마도 또래 중에서도 조숙하고 영리했던 나는 공부를 잘하는 것이 부모님의 사랑을 받을 수 있는 가장 빠른 길이란 걸 직감했던 것 같다.

시간이 지날수록 점점 더 그날의 기억이 뚜렷하게 된 것은 아마도 내 인생의 키워드라고 할 수 있을 두 가지 상반된 특성, 즉 모범적이고 책임감이 강한 현실적인 태도와 문화와 예술을 동경하는 보헤미안적인 성정의 조화가 그날 이후 나름의 방식으로 자리를 잡았다고 생각했기 때문인 것 같다. 나의 양면성 중 책임감과 현실적인 태도는 아마도 아버지로부터 물려받은 것이 틀림없는 모범생 DNA에 기인한 것이고, 예술가적인 삶과 자유, 방랑을 동경하는 보헤미안적 성정은 다분히 어머니로부터 물려받은 것이라고 생각한다. 그날의 사건은 나의 두 가지 특성 중에서도 모범생 DNA가 인생을 지배하게 만든 계기가 되었다.

물론 그날 이후 나의 문화예술 활동이 금지되었다거나 방랑기가 발휘되지 않았던 것은 전혀 아니었다. 특히 모범생다운 문화생활이라 할 수 있는 독서와 음악감상, 영화감상은 학창시절 동안 누구보다도 풍요롭게 누릴 수 있었다.

특히 당시 자신이 영화를 무척이나 좋아하셨고, 학생주임을 하시던 시절에는 단체관람 영화를 선정하는 역할을 담당하시기도 했던 아버지 덕분에 우리 삼 남매는 아주 어린 나이부터 영화관을 자주, 그것도 공짜로 출입할 수 있었다. 특히 기억에 남는 영화는 취권을 비롯하여 젊은 시절 성룡의 영화들과 007 시리즈, 초등학교 저학년 때 보았던(아마도 19금, 적어도 15금이었을) 공포영화 "서스페리아" 등이다. 특히 서스페리아의 마지막 장면은 여주인공이 목에 걸고 있던 진주 목걸이가 엘리베이터에 걸려서 죽는 장면이었는데, 듣기만 해도 끔찍한 이 장면을 그대로 보여준 것은 아니었고 대신 온통 피로 가득 찬 수조를 화면 가득 보여주었다. 서스페리아의 마지막 장면은 내가 보았던 어떤 영화의 어떤 장면보다도 내게는 선명하게 남아 있는데, 나이가 들수록 내가 공포영화를 볼 수 없게 된 것 역시 아마도 서스페리아의 마지막 장면이 남긴 강한 트라우마 때문이 아닐까 하는 생각이 들기도 한다. 아버지는 집에서도 영화를 보여주는데 매우 적극적이셨는데, 주말 저녁 주말의 명화, 명화극장 시간에는 우리 삼 남매가 같이 영화를 볼 수 있도록 안방을 내어 주실 정도였다. 명화극장이 시작되기 전에는 요즘 들어 다시 유행하고 있는 굵은 안경테를 낀 지적인 분위기의 영화

평론가 정영일 선생이 영화에 대해 소개를 해주었는데, 절제된 설명을 하면서도 뚜렷한 주관을 가지고 정확하게 평가를 하셨던 기억이 생생하다.

나는 항상 이곳이 아닌 다른 미지의 세계를 동경하였기 때문에 외교관이 되거나 국제기구에서 인류를 위해 의미 있는 일을 하는 사람이 되고 싶다는 막연한 꿈을 가지고 있었다. 그런 내가 막상 대학교 전공을 법대로 정하게 된 것은 물론 생각보다 성적이 잘 나온 탓도 있었지만, 젊은 시절 고시 준비를 한 경험이 있었던 아버지께서 외교관은 법대에 가서도 될 수 있다고 설득하셨기 때문이다. 중학교, 고등학교를 모범생으로 사춘기도 없이 보낸 나는 아버지의 말씀이 일리가 있다고 생각하여 별다른 반항 없이 수용하였고, 한편으로는 아버지의 소원을 내가 대신 이루어 드려야 한다는 생각도 했던 것 같다.

하지만, 막상 법대에 들어간 이후 나는 나의 태생적 보헤미안적 기질 때문에 이 집단에 온전히 속할 수 없는 사람이라는 걸 직감적으로 알게 되었다. 나는 법학 공부에 별다른 흥미를 갖지 못했고, 고등학교까지 바이올린을 전공하였다가 판사인 아버지의 강권으로 법대에 들어온 친구와 단짝으로 지내면서, 인류학과, 외교학과, 종교학과, 미학과, 불문학과 등등의 수업에 훨씬 더 흥미를 느끼게 되었다. 특히 유럽, 일본 등의 수많은 고전영화들을 찾아보면서 나는 언젠가 영화제작자가 되고 싶다는 꿈을 가지게 되었다. 하지만 중학교 시절 그날 이후 현실적인 판단과 결정을 하여야 한다는 것이 내게는 무엇보다 중요했기 때문에 결국 나는 영화제작자의 꿈은 실현해 보려고 하지도 않았고, 졸업을 앞두고 본격적으로 사법시험 공부를 시작하게 되었다. 중학교 교사의 딸로 지방에서 올라온 내가 제대로 된 사회인으로 내 인생을 책임지고 여자로서 차별도 받지 않고 살려면 역시 사법시험에 합격해서 변호사가 되는 게 좋겠다는 것이 내가 내린 현실적인 결론이었다.

아버지와 함께한 내 인생의 두 번째 중요한 순간은 사법시험을 준비하는 과정 중에 찾아왔다. 사법시험, 특히 1차 시험은 막연히 생각했던 것보다 훨씬 어려웠고 그 준비과정은 지루하고 고된 자기와의 싸움이었다. 나는 서울에서 공부를 하기도 하고, 고향 집으로 내려가 부모님 곁에서 공부를 하기도 했는데 수차례 1차 시험에 합격하지 못하게 되자 점점 자신감을 잃기 시작했다. 다른 길에 대한 구체적인 생각도 전혀 없이, 한 번의 시험을 준비하기 위해 일 년이 거짓말처럼 아무 기억도 남기지 않고 훌쩍 지나가 버리는 고시생으로서의 삶에 일찍 지쳐버린 나는 사법시험을 포기하려고 했다. 고향에 내려가 부모님께 사법시험 공부를 그만두겠다는 결심을 말씀드렸다.

그때 아버지께서는 실망한 나를 위로하시면서, 내 손을 꼭 잡고 "현아야, 그래도 아버지를 위해 마지막으로 딱 한번만 더 보자."라고 내게 부탁하셨다. 그날 아버지의 간절한 표정과 말투를 잊을 수가 없다. 물론 부탁의 대상은 내 인생에 관한 것이었지만, 나는 그날 아버지만큼 간절하게 내게 부탁을 하는 사람을 이후에도 만난 적이 없었던 것 같다. 아마도 그날 아버지의 부탁 다음으로 내가 들었던 가장 간절한 부탁은, 안동 언니네에서 주말을 보내고 월요일 새벽에 서울로 돌아가려던 내게 필사적으로 울며 매달리면서 자기와 같이 있어 달라고, 어린이집으로 보내지 말라고 했던 큰조카 진형이의 부탁이었다. 아버지의 부탁은 들어드렸지만 진형이의 부탁은 들어주지 못했다. 아직도 그날 울부짖던 진형이의 모습과 순간적으로 휴가를 낼까 고민하다가 결국은 뿌리치고 왔던 내 모습이 그림처럼 생생하게 떠올라서 진형이에게는 마음 한편에 늘 미안한 마음이 들고, 둘째 조카인 산하와 오빠네 도경이, 나연이에게는 어떤 부탁이든 들어주는 이모, 고모가 되려고 노력하게 되었다.

아버지의 간절한 부탁을 들어드리기 위해 다시 마음을 잡고 마지막으로 시험에 도전한 나는 다행히 그 다음 해 1차 시험에 합격을 하였다. 그날 아버지께서 그렇게 간절히 부탁하시지 않았더라면 나는 아마 다시 시험공부를 하지는 않았을 것이고, 변호사로 15년을 일하지도 않았을 것이다. 2차 시험을 준비하는 과정에서 나는 처음으로 법학 공부에 흥미를 갖게 되었다. 법학은 사람들 사이에서 일어나는 다양한 문제들을 상식적이고 논리적으로 차근차근 해결해 나가는 매우 현실적인 도구라는 것을 차츰 깨닫게 되면서 그동안 내가 동경해 왔던 여기가 아닌 다른 곳, 막연한 미지의 세계에 못지않게 법학공부를 해서 변호사가 되는 것, 소위 프로가 되는 것 역시 멋진 일이라는 생각을 하게 된 것이다. 물론 내가 판사가 되기를 원하셨던 아버지의 소원을 그대로 이루어 드리지는 못했지만 결국 내가 법학공부에 제대로 마음을 붙여서 변호사가 된 것은 아버지의 간절한 부탁과 그런 간절한 부탁을 하게끔 만든, 당신 스스로가 가진 법조인에 대한 염원 덕분이었던 것이다.

독일의 법철학자이자 형법학자인 구스타프 라드브루흐는 법률가의 유형을 세 가지로 나누었다고 한다. 첫 번째 유형은 오로지 사회적 지위를 얻기 위해 법학을 공부하는 사람들로 이들은 억지로 공부하여 법률가가 되더라도 사회에 해악을 끼치게 되고, 두 번째 유형은 특출한 지성을 갖추었지만 인격적 소양이 부족해서 형식적이고 비창조적인 역할만을 수행하는데 그치며, 세 번째 유형은 철학, 예술이나 사회적 문제에 강렬하고 섬세한 관심을 가졌지만 경제적 문제나 진로의 불안 때문에 예술가나 작가로서의 길을 포기하고 차선책으로 법학을 선택한 자들로 이들은 대부분 중도에 포기하게 되지만 끝까지 법학을 선택한 몇몇 사람들은 위대한 법률가가 되기도 한다는 것이다. 이 이야기를 법대에 들어간 첫 학기에 법학개론 수업 시간에 들었는데, 내 단짝과 나는 스스로 세 번째 유형에 속한다고 믿었고, 그 점에 대해 매우 자랑스러워하곤 했었다. 내 단짝은 세 번째 유형의 법학도가 분명했고 한때 법학을 공부했다가 예술가가 되었던 괴테나 쉴러처럼 지금은 클래식 공연 기획자의 길을 걷고 있다. 마찬가지로 스스로 세 번째 유형에 속한다고 생각했던 나는 아직 법률가로 살고 있는데, 그렇다고 내가 라드브루흐의 말처럼 위대한 법학자가 될 것이라고는 생각하지 않는다. 다만 내가 앞으로도 모범생 DNA의 지배를 받으며 현실적이고 이성적인 판단을 앞세우는 삶을 충실히 살아간다 하더라도, 내 인생을 풍성하고 충만하게 만들 것은 그 안에 숨겨져 있는 보헤미안의 꿈이라고 믿고, 지금은 알 수 없는 언젠가 지금과는 전혀 다른 모습으로 살아갈 수 있다는 희망을 버리지는 않을 것이다.

(법무법인 세종 변호사)

| 해설 |

사랑과 나눔 그 봉사활동의 실천

하길남

프롤로그, 2006, 디지털페인팅, 160cm×50cm

사랑과 나눔 그 봉사활동의 실천

김종립 수필집 《사무치는 그리움》론

하 길 남

수필가, 문학평론가, 경남대교수

1. 머리말

화자의 수필을 한 마디로 요약하라면, 그리스도의 인간 구원의 정신을 실천하는 사랑과 나눔, 그 봉사 정신의 실천이라고 할 수 있을 것이다. 어떤 면에서 본다면 바로 문학정신, 그 수필정신의 실천자라고 말해도 좋을 것이다. 그래서 화자의 수필에서는 봉사 활동이 주류를 이루게 된다. 그런 활동이 바로 그리스도 정신을 실천하는 지름길이 되기 때문이다.

사실상 그 일이 바로 이상적인 인간상이 되는 첩경인 까닭이다. 그래서 화자야말로 인간에게 있어서 가장 숭고한 길, 하느님을 닮는다고 하는 자세로 이승을 살아가게 된다 하겠다. 바로 자기 완성을 위한 피나는 노력, 그것이 화자 수필의 이상향인 것이다.

그것은 역시 궁극에 있어서 문학정신과 일맥상통하게 된다. 문학 자체가 인간적 성숙을 위한 도정인 까닭이다. 이렇게 볼 때, 화자야말로 문학인으로서 나아가야 할 길을 어릴 때부터 실천해온, 문학 즉 바로 수필적 인생을 살아온 분이라 생각된다. 그래서 우리는 화자의 수필을 읽고 적잖은 공감을 얻게 될 것으로 생각된다.

2. 봉사활동

머리말에서 읽은 바와 같이 화자 수필의 골격은 결국 사회를 위한 봉사 활동의 실천이 주축이 된다. 그 일이 앞에서 언급한 바와 같이 바로 그리스도의 사상을 실천하는 일이 되는 까닭이다. 말하자면 그리스도를 닮아가는 과정이 된다는 이야기다. 그래서 이승에서의 삶은 바로 천국에 들기 위한 준비과정이 되는 셈이다.

이러한 삶이 화자의 본령이 되기 때문에, 그의 표정은 언제나 단아하고 밝다. 몸가짐 또한 단정하며 한 점 흐트러짐이 없다. 남을 위한 봉사정신이 몸에 밴 까닭이라 하겠다. 사실상 이러한 정신자세야말로 비단 그리스도인뿐만 아니라 모든 이들이 본받아야 할 덕목이 아닐 수 없다.

오늘은 월요일.

아내 세실리아와 함께 창원 파티마 병원에 봉사하러 가는 날이다. 아침 9시 30분의 시작시간을 맞추려면 바쁘게 움직여야만 한다. 봉사자실에 도착하면 20명 전후의 봉사자들이 모인다. 병원에는 우리와 같은 11개 봉사팀이 있고 160여 명의 사람들이 봉사하고 있다.

입원실을 찾아다니며 환자를 위해 기도하며 삶의 용기를 주는 방문 팀, 입원으로 며칠 동안 감지 못했던 머리를 시원하게 감겨주는 팀, 환자의 머리를 말끔하게 손질해 주는 이미용팀.

— 〈내 삶의 보람과 봉사〉에서

내 삶의 보람이 바로 봉사라고 했으니, 여기에서 비평가가 더 설명을 곁들일 여유조차 없지 않을까 싶다. 삶 자체가 바로 봉사라고 할 수 있으니 말이다. 이미 생활화된 봉사활동, 여기서 우리는 그 사람의 인간됨, 그 생의 목적 그 인간적 덕목과 의지적 결행을 읽게 된다. 우리는 역사를 통하여 성자라고 불리었던 많은 이들의 행적을 생각하게 된다.

오지에서 인술을 펼쳤던 슈바이처 박사나, 테레사 수녀 등 그들의 정신, 그 정성을 우리는 여기서 읽게 되는 것이 아닌가. 말하자면 인생을 가장 아름답고 값있게 살고 있는 화자를 만나게 된 것을 독자들은 참으로 고맙고 가슴 뿌듯하게 생각할 것이 아닌가. 남을 도우면서 일생을 산다는 정신보다 더 고귀한 것은 없기 때문이다.

우리는 6일 동안 일하면서 겨우 일요일 하루 쉬는 것이 아닌가. 그 일요일을 얼마나 기다리게 되는가. 화자가 여러 일들을 미루어 놓고 그날을 기다리게 되는 것은 할 일이 많기 때문이다. 사람들과의 약속은 말할 것도 없고, 평소에 바빠서 못해온 일을 이 날 한꺼번에 처리하게 되는 것이 상식이다. 바빠서 못 만나게 되었던 일들도 이날을 기약하게 되는 것이 인지상정이라 하겠다. 그와 같이 황금 같은 날을 남을 위한 봉사활동에 나선다는 것은 보통사람으로서는 생각하기 힘든 노릇이라 하겠다. 이 한 사실만 미루어 보더라도 화자의 참된 봉사정신의 진수를 맛보게 된다 하겠다.

> 우리들은 수업이 끝나면 때때로 근처의 휴식 공간인 '시드니 클럽'에 모였다. 그날 봉사한 내용에 대한 토의와 반성을 하고, 앞으로의 계획도 이야기하였다. 때로는 생맥주와 칵테일 등으로 목을 축이기도 하였다. 시드니는 분위기도 좋았고 주인이 우리들을 잘 대해주었다. 때문에 거기 모이면 마음이 푸근하고, 희망차고 즐거운 대화가 계속되었다.
>
> 노인대학에 봉사하는 동안 각종 대회행사며 단체로 참가할 기회들이 많아서 지금 생각하니 유익하고 즐거운 시간이었다.
>
> — 〈시드니 클럽〉에서

이 작품에서 우리는 화자가 사회봉사활동에 깊은 인식을 가지고 있음을 알 수 있다. 봉사활동의 활성화는 물론 어떻게 하면 더 효율적으로 봉사활동을 할 수 있을까 하고, 고심하면서 연구하고 있는 모습을 보게 된다. 여기서 우리는 화자가 바로 봉사활동을 전개하기 위해 이 세상에 태어난 사람이 아닐까 하는 생각까지 드는 것이다. 물론 그런 형편은 그 사람의 성향일 것이라고 막연하게 생각하는 사람이 있을는지 모른다.

그러나 화자의 경우 그의 머리속에는 온통 사회와 주민들을 위한 봉사활동을 어떻게 효율적으로 전개해 나갈 것인가 하는 생각으로 가득차 있는 것이 아닌가. 그에게는 다른 생각은 아예 머릿속을 비집고 들어갈 틈이 없는 것이다. 나 아닌 남을 위한 헌신적 활동이야말로 얼마나 귀하고 아름다운 일인가.

우리가 만약 사람의 삶의 형편을 두 가지로 나누어 볼 수 있다면 하나는 자기 자신을 위한 삶과, 남을 위한 헌신적인 삶으로 구분해 볼 수 있을 것이다. 어떤 이는 남을 위한 이른바 이타적인 삶이야말로 그 사람이 타고난 천성이라고 말할는지 모른다. 그러나 사실상 사람은 본질적으로 자기 곧 스스로 자신부터 먼저 생각하게 되어 있게 마련인 것이다.

만약 남을 위한 헌신적 삶을 사는 이가 있다면 그것을 그의 신념이나, 그만한 어떤 계기가 있었을 것이다. 물론 마더 테레사나, 이태석 신부와 같은 이도 있지만 범인으로서는 그러한 남을 위한 희생적 삶을 살아가기란 대단히 어려운 일이 아닐 수 없다.

나는 병원봉사를 하러 간다. 퇴직 후 10여 년간 계속한 일이다. 이제 칠십이 넘었으면 그만둘 나이도 되었지만, 그래도 이만큼의 건강이라도 유지되니까 나보다 더 어렵고 아픈 병자들에게 작은 도움이 되기를 바라며, 이 주일에도 나는 병원을 찾아간다. 나도 이제 호접란의 지조를 실현해 보고 싶다.

— 〈호접란〉에서

3. 인간적 도리와 성실성

말할 것도 없이 우리 인간에게 있어서 가장 귀한 덕목은 인간적 도리와 덕목이라 하겠다. 이 두 가지는 인간을 다른 짐승들과 구별하는 경계선이 되기 때문이다. 독실한 신자인 화자의 생활이념은 바로 천주님을 닮는 생활을 이상으로 하기 때문에 화자의 인간적 도리와 성실성을 아무리 강조해도 지나침이 없다 하겠다.

우리 사람들이 모두 이와 같은 인간적 덕목을 실천한다면 인간 사회에서 재앙은 물론 모든 환란이 사라지고 천국처럼 살기 좋은 세상이 될 것이다. 오늘날 질곡 같은 인생살이 속에서도 그마나 이만큼 살게 된 것도 신앙인들의 덕이라 생각되는 것이다.

아들이 사업실패로 파산 지경에 이르렀다. 며느리는 가출하고 아들은 행방불명이 되었다. 당시 5세와 6세이든 영호 영규 두 어린 손자는 할머니 손에 맡겨졌다. (이하 생략) 그 당시 60세의 나이로 취직할 곳도 없고 우선 급한 대로 헌 박스와 고물을 주워 팔아 서 연명을 하였다.

— 〈영규 할머니 이야기〉에서

만약 손자가 자라서 지금의 자기 생각대로 부자가 된다면 카네기처럼 가진 부를 사회에 환원하고 나눔을 실천하는 사람이 되었으면 좋겠다고 생각해 본다.

— 〈손자의 소망〉에서

대부분 부모들은 많은 재산을 자손들에게 남겨주고 싶어한다. 사실상 그것이 인간의 인지상정이기 때문이다. 부가 곧 성공이요, 세상살이의 원천이라고 생각하는 사람들이 얼마나 많은가. 심지어 돈 벌기 위해서 세상에 왔다는 극언까지 하는 사람도 없지 않는 것이 세속 인심이 아닌가. 그럼에도 불구하고 화자는 부를 사회에 환원하는 사람이 될 것을 소망하고 있으니 범인凡人들로서는 감히 생각하기 힘든 노릇이 아닌가 하고 생각해 보게 된다.

사실상 우리는 이 한 문장만 보아도 화자의 속 깊은 뜻을 헤아리고도 남는다 하겠다.

요한은 남에게 베푸는 삶을 살아온 사람이다. 경제적으로 넉넉하다고는 할 수 없지 만, 항상 남을 먼저 생각하는 사람이었다. 같이 식사할 일이 있을 때 언제나 자기가 먼저 밥값을 내겠다고 서두는 사람이었다. 노인들에게 음식을 제공하는 급식소에 쌀을 갖다 주고, 우리들이 봉사하는 빈첸시오회에 몇 년간 힘에 겨운 특별회비를 내었다.

— 〈베풀고 떠나간 사람〉에서

우리는 화자의 수필에서 이미 봉사정신이나 사회에 대한 헌신 등 화자의 삶은 바로 그리스도를 닮아가는 삶, 즉 전형적인 가톨릭 신자로서의 삶을 살아가는 작가임을 다시 한 번 확인하게 된다. 그래서 작가는 〈거가대교 나들이〉라는 수필에서도,

대도무문大道無門이라는 글자가 눈에 띄었다. 그 말처럼 지도자들이 좀 더 당당하 고 깨끗하게 살았더라면 요사이 계속 보도되는 부정부패 사건들은 일어나지 않았을 것이라.

— 〈거가대교 나들이〉에서

고 한탄하고 있는 모습을 보게 된다.

4. 세심한 배려와 작은 정성들

때로는 눈물 한 방울의 힘이 항우項羽 장사의 위력을 능가할 때가 있게 마련인 것이다. 그래서 힘을 자랑하는 사람은 실속이 없다는 말도 있다. 키 크고 안 싱거운 사람 없다는 속담도 있지 않는가. 꽃이 커야 아름다운 것은 아닌 것이다. 너무 작아서 사람의 눈에 보이지 않는 꽃도 없지 않다.

> 떨어진 꽃송이는 물이 든 유리잔에 띄워둔다. 평소 이런 쪽에 무심한 나도 생명의 소중함을 다시 한 번 생각해 본다.
>
> — 〈가을비 내리는 날〉에서

옛 시에도 떨어진 꽃을 버리지 않고 두고 본다는 구절이 있다. 이러한 정신은 아마 우리나라 사람들이 지니고 있는 생명에 대한 거룩한 정신이 아닐까 생각해 보게 된다. 우리가 앞에서 화자의 정신적 역정을 살펴본 것처럼 화자는 참으로 심성이 고운 분이었다는 것을 알게 되었다.

> 이제 가을이 완연히 깊어진 것 같다. 도심 가로수의 은행나무, 벚꽃나무는 잎이 수두룩이 떨어졌다. 다행스럽게도 청소부들은 낙엽을 깡그리 쓸어버리지 않고 남겨 두어서 시민들이 가을의 정취를 느끼게끔 해주는 것 같다.

가을비는 계속해서 내린다. 오랜만에 우산을 쓰고 노란 은행잎이 쌓인 거리를 걸어 본다.

—〈가을비 내리는 날〉에서

이따금씩 이곳을 지날 때 범종 소리가 울려퍼지기 때문에 오늘도 그 종소리를 기다려 본다.

—〈천주산 범종소리〉에서

쌍쌍이 웃고 떠들며 내 곁을 지나간다. 무슨 이야기들을 할까? 귀를 쫑긋 세워도 그 들의 이야기는 들리지 않는다. 마침 바람 한 점이 내 이마를 스쳐 가로수 잎사귀 사이로 사라락 사라진다. 어이, 늙은이! 뭐가 그렇게 궁금해, 하고.

—〈여름날 저녁 무렵〉에서

5. 마무리

이상으로 수필가 김종립 선생의 수필집 《사무치는 그리움》에 대한 평설을 끝맺는다. 본문에서 읽어본 바와 같이 김종립 선생의 수필이야말로 진정 오늘을 사는 우리들에게 많은 교훈을 시사하게 되는 수필이라 하겠다. 사실 우리가 화자와 같은 생각을 하면서 이 세상을 살게 된다면, 아무 근심걱정이 없을 것은 말할 것도 없고,

진정 이 세상이 살 만한 곳이 되지 않을까 여겨진다.

화자의 수필에는 우리가 이 세상을 어떻게 살아가야 하는가 하는 그 정답을 제시해 주고 있을 뿐 아니라, 인간으로서 지녀야 할 덕목과 교훈을 제시해 주고 있기 때문이다. 한 사람의 신앙인으로뿐만 아니라, 어려운 시대를 살아가는 교육자로서 또 한 사람의 작가로서 이처럼 절실하고 간곡하게 우리들이 나아가야 할 길, 그러한 방향과 정신적 이정표를 제시해 주고 있는 작품은 진정 드물다고 여겨지기 때문이다.

앞으로 제2, 제3의 수필집이 나올 때마다 더 좋을 작품으로 우리 수필문단을 빛내줄 것을 믿어 의심치 않는다. 화자의 작품이 우리 수필문단에 적잖은 기여를 해왔다는 것을 평자의 기쁨으로 여기면서 서툰 글을 끝맺는다.

016

사무치는 그리움

김종립 수필집

펴낸날 | 2014년 11월 3일

지은이 | 김 종 립
그　림 | 김 일 태
펴낸이 | 오 하 룡

펴낸곳 | 도서출판 경남
주　소 | 창원시 마산합포구 몽고정길 2-1
연락처 | (055) 245-8818~9 / 223-4343(f)
홈페이지 | www.gnbook.com
전자메일 | gnbook@empal.com
출판등록 | 제567-1호(1985. 5. 6.)
편집팀 | 오태민 | 심경애 | 구도희

ISBN 978-89-7675-934-4-03810

〔값 10,000원〕